Cocktail StyleBook

人気バーテンダーが提案。
珠玉のカクテルと、その考え方

旭屋出版

変化の中でも人気を集める、バーテンダーの考え方とは

一つのお酒に特化した専門バーや、これまでにない技術を活かしたミクソロジー・バーなど、新しいコンセプトのお店ができ、バーの業態も広がってきています。またオーセンティックなバーでもオールドボトルに力を入れる店や、クラシック・カクテルを研究する店も出てきています。

お客の側では、酒を嗜む人が若者層ほど減り、また従来酒を嗜んできた人たちでも飲む機会が減っているといわれています。

そうした中、バーの世界では競合の激しい都市部はいうに及ばず、地方都市でも、明確な個性を売り物にした店が注目され、人気を集めるようになっています。

そこで、そうした人気バーテンダーが提案する「店ならではの一杯」と、そのカクテルのスタイルに対して込めている考え方を取材しました。バーテンダーのオリジナル・カクテルはもちろん、スタンダード・カクテルでも個性を打ち出したものが登場します。

人気バーテンダーたちは、今、カクテルにどのような想いを込めているのか。それが分かる一冊です。

● ● ● ● ● ●

旭屋出版　編集部

Cocktail Style Book 目次

- 003　変化の中でも人気を集める、バーテンダーの考え方とは
- 009　Authentic Bar　オーセンティック・バーのカクテル・スタイル

愛知・名古屋『BAR BARNS』
- 010　梅肉のマルガリータ
- 014　バター・スコッチのカクテル

東京・銀座『Bar 耳塚』
- 018　イタリアーノ
- 022　ダークラム・ネバダ

東京・渋谷『BAR CAPRICE』
- 026　マティーニ
- 030　ジン・フィズ

大阪・梅田『BAR AUGUSTA TARLOGIE』
- 034　フレッシュ・オーガスタ・セブン
- 038　ミント・ジュレップ

東京・銀座『bar Evans』
- 042　モスコーミュール
- 046　ラスティ・ネイル

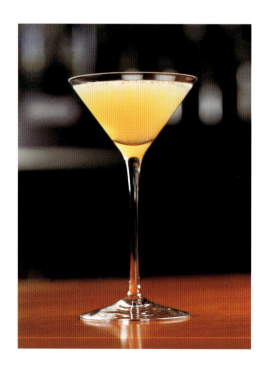

Authentic Bar

大阪・北新地『BAR Foce』
050 　フォーチェ
054 　ブランデー・スリング

兵庫・神戸『BAR Le Salon』
058 　国産ブラッドオレンジのカクテル
062 　バナナのフローズン・カクテル

東京・吉祥寺『BAR ALBA』
066 　フローズン・チェリー・カクテル
070 　ミックス・ベリー・フィズ

東京・赤坂『Bar Still』
074 　モスコーミュール
078 　ヴェスパー

東京・銀座『BAR EVITA.』
082 　テキサス・フィズ
086 　ダイキリ（オールド・スタイル）

大阪・豊崎『CENDRILLON』
090 　キャロル
094 　バイオレット・フィズ

099	Specialized Bar　専門バーのカクテル・スタイル

大阪・堂島『BAR JUNIPER』
100	アレクサンダー
104	ジン・スリング

京都・先斗町『京町家BAR C&D先斗』
108	マティーニ
112	オリジナル・ジン・トニック

京都・先斗町『ウォッカバー・ナカニシ』
116	ミリオンローズ
120	アダム&イブ

東京・六本木『AGAVE』
124	Agave Julep（アガベ・ジュレップ）
128	Margarita Don Agave（マルガリータ・ドン・アガベ）

東京・六本木『La Mezcaleria Jicara Bar & Grill』
132	El Gusano Rojo（エル・グサーノ・ロホ）
136	Mezcalita（メスカリータ）

東京・吉祥寺『SCREW DRIVER』
140	モヒート
144	ピニャコラーダ

大阪・北新地『バーボンウイスキー専門店 十年』
148	ミシシッピ・レモネード
152	ケンタッキーローズ

Specialized Bar

大阪・守口『呂仁（ROGIN'S TAVERN）』
- 156 サゼラック
- 160 ブラックホーク

東京・銀座『BAR LARGO』
- 164 ジャックローズ
- 168 ハーバードクーラー

東京・銀座『銀座しぇりークラブ』
- 172 みょうがのレブヒート
- 176 ボタ・デ・ヘレス

東京・高田馬場『BAR CAVERNA』
- 180 LUZ（ルス）
- 184 Por do sol（ポル・ド・ソル）

東京・高田馬場『BAR CAVERNA』
- 188 Vento（ヴェント）
- 192 Madeira Verde（マデイラ・ヴェルデ）

東京・恵比寿『BAR Tram』
- 196 Butterfly Effect（バタフライ・エフェクト）
- 200 Dr. Funk（ドクター・ファンク）

大阪・堂島『THE BAR ELIXIR・K』
- 204 バラライカ
- 208 白いモヒート

京都・先斗町『BAR 花水木』
- 212 オリジナル・カクテル
- 216 スカーレットオハラ

- 224 奥付

Authentic Bar

オーセンティック・バーの カクテル・スタイル

独自の魅力やオリジナル・カクテルで
人気のバー、実力が注目される
若手バーテンダーの、
カクテルと考え方・スタイルを紹介。

愛知・名古屋『BAR BARNS(バー バーンズ)』
平井 杜居(とおる)

menu:	# 梅肉のマルガリータ
price:	1,300円（税込）
recipe:	ドン・フラノ・ストロング・シルバー…15ml コアントロー…30ml レモン・ジュース…15ml 梅干し…1個
process:	1　シェーカーに梅干しを入れ、種を取り除き、バースプーンで混ぜて皮と果肉を細かくする。 2　ドン・フラノ・ストロング・シルバー、コアントロー、レモン・ジュースを入れ、氷とともにシェイクする。 3　カクテル・グラスに注ぎ入れる。

愛知・名古屋『BAR BARNS』平井 杜居

profile:
『バー・バーンズ』オーナー・バーテンダーの平井杜居さんは、名古屋を代表する老舗（現在は閉店）で11年修業。退社後、わざわざ来てくれる店を目指して現在の店を2002年3月オープン。豊富なオールドボトルと季節素材を使ったカクテル、充実した食事メニュー、接客サービスにより、全国ネットランキングでも上位を維持する人気店。

ウイスキーでも、カクテルでも評判。
幅広い客層で賑わう人気店

『バー・バーンズ』は、愛知・名古屋の地下鉄伏見駅から、栄駅方面に徒歩5分ほどのところにある。夜の繁華街・栄に比べて、店の周囲はビジネス街。街頭もまばらな通りは、夜になると人通りが途切れる寂しい街並みになる。同店は、そうした人通りの少ない場所で、わざわざ来る熱心なファンを集めて賑わっている。客層は女性の1人客から出張族まで幅広く、名古屋だけでなく全国的にも知られる人気店だ。

「よくオーセンティック・バーといった言い方をします。『正統派』『信頼できる』といった意味だと思うのですが、そのオーセンティックとは何かを考え、自分なりのオーセンティックを店で表現しました」

というのは、同店オーナー・バーテンダーの平井杜居(とおる)さん。栄の老舗バーで修業後、2002年に独立して店を持った際、誰にとっても居心地好く、しかし敷居は高くなくお酒を気軽に楽しめる店にしようと考えた。

そして平井さんがたどり着いたのが、ウイスキーでもカクテルでも高い魅力を備えた店だ。ウイスキーはオールドボトルが豊富に揃っており、またカクテルについてはスタンダードだけでなく、平井さんが考えたオリジナル・カクテルでも人気を集めている。ウイスキー好きにもカクテル好きにも、そしてバー好きにもバーの初心者にも楽しめる、間口の広さも同店の人気の要因といっていいだろう。

「カクテルはお客様の好みやご要望をうかがい、それに合う味わいのものを考えて複数を提案し、その中から選んでいただくスタイルで、私は企画提案型の接客と言っています。季節の

味覚を楽しんでいただきたいので、フルーツなどの素材は、近郊産のものをはじめ、各季節でより美味しいものを選んで取り寄せています」（平井さん）

梅干しの風味に合わせるために、テキーラとコアントローの配合を逆転させる

　その平井さんが夏場にお勧めするカクテルの一品が、梅肉のマルガリータだ。

　「実は、以前、和食の調理師の方と知り合い、その交流の中で和の素材の魅力に気づかされ、和の素材を使ってカクテルを作ってみたいと考えるようになりました。例えば、柚子胡椒やわさびなども、香りや刺激が個性的で、カクテルに使えるのではないかと思っています」（平井さん）

　和素材の中から使ったのが、梅干しだ［左ページ写真下］。

　「伝統的な梅干しには、しっかりと塩を使います。だから塩を使うカクテルなら合うのではないかと思いました。スノースタイルで塩を使うマルガリータで合わせてみようと思ったのがきっかけです」（平井さん）

　このカクテルのベースに使うテキーラは、ドン・フラノ・ストロング・シルバー［左ページ写真上の左側］。

　「プレミアム・テキーラで、アルコール度数が50度という珍しいテキーラです。しっかりとしたバランス感と、クセのない味わいが特徴で、ベースのうま味を少量でも出せるので使っています。冷凍庫で凍らせ［上写真左］、よりなめらかで甘みを感じさせる状態で使うようにしています」（平井さん）

　平井さんは、通常のマルガリータはテキーラ30ml、コアントロー15ml、ライム・ジュース15mlで作る。しかし梅肉の風味に合わせるに当たって、テキーラとコアントローの割合を逆にし、梅肉の塩けを丸くするためにライムをレモンに代えた。

　「酸味は、ライムよりレモンの方がおだやかで、和の素材にも合うから使っています。それに、フルーツ類は無農薬のものを使っていますが、ライムよりレモンの方が安定的に手に入りますし」（平井さん）

　梅干しは、その時々でいろいろなものを使う。今回使ったのは、和歌山県で無農薬で作っている梅干し。それ以外に、しそ梅を使うと色も鮮やかになる。完成したカクテルの色が映えるよう、グラスは九谷焼の器で出している。

愛知・名古屋「BAR BARNS」平井杜居

アルコール度数のプレミアム・テキーラを凍らせ、よりなめらかで甘みを感じる状態で使います。さらにレモンを合わせ、梅干しの塩けを丸くしました。

menu:	バター・スコッチのカクテル
price:	1,500円（税込）
recipe:	バター・スコッチ・リキュール…20ml バニラ・アイス…30g マスカルポーネ・チーズ…30g シナモン・パウダー…少々（好みで）
process:	1　ブレンダーに、バター・スコッチ・リキュール、バニラ・アイス、マスカルポーネ・チーズを入れる。 2　ほんの数秒回したら、グラスに注ぐ。 3　好みでシナモン・パウダーをふる。

——愛知・名古屋『BAR BARNS』平井 杜居

information: 『BAR BARNS』
住所／愛知県名古屋市中区栄2-3-32　アマノビル地下1階
電話／052-203-1114
URL／http://bar-barns.jp
営業時間／18:00〜翌2:00（日曜日、水曜日、祝日は24:00まで）
定休日／不定休

ティラミスをイメージ。焦がしバターのような風味で、甘くとろけるような味わいのリキュールをベースにした、デザートとしてのカクテルです。

来店したお客全員を満足させる態勢で接客を重視。女性客にも人気の店

『バー・バーンズ』は、カクテルだけでなく、実はオールドボトルでも人気を集める店だ。

「独立するにあたって、特にオールドボトルの店にしようと思ったわけではないのですが、私自身いろいろなお酒が好きだったので、お客様にもそうしたことをご説明できるようにしたいと思い、オールドボトルも幅広く揃えました。幅広くということで、カクテルもスタンダードからオリジナルまで出すようにしています」

と同店オーナー・バーテンダーの平井杜居さん。実際、同店ではカウンターの棚だけでなく、入口から奥まで続くカウンターの上にもずらりとオールドボトルが並ぶ。その風景は圧巻といえる。そしてさらにユニークなところは、すべてのボトルの裏にワンショット（30ml）の価格を表示している点だ。

「バーとしての特別な雰囲気は楽しみたいけれど、オールドボトルだと一杯いくらになるのか心配で、心から楽しめないというかたもいらっしゃるかもしれません。そのため、すべてのボトルに単価を表示しました。明朗会計で、どなた様にも安心して楽しんでいただけます。店にはメニュー表は置いてい

ませんが、まさに棚がメニュー表代わりというわけです」(平井さん)

　そうした安心感や、静かにお酒を楽しめる雰囲気から、同店では女性の1人客や女性同士のお客が多い店としても知られている。

　「実際にはとても難しいことなのですが、理想としては来られたすべてのお客様に満足してもらいたいと思っています。そのため、お客様のご要望にできるだけきめ細かく対応できる態勢で臨んでいます」(平井さん)

　同店はカウンターにテーブルもあり、24席の規模だが、隅々まで目を行き届かせるよう、スタッフは常時4名が対応。お客との距離感とバランス感を大切にした接客をモットーにする。

　おもてなしの心を重視する平井さんが、女性客にも喜んでもらえるようにとイメージして作ったのが、バター・スコッチのカクテルだ。

愛知・名古屋『BAR BARNS』平井杜居

女性客が楽しむカクテルをイメージして、リキュールを使ったデザート・カクテルを

　「バター・スコッチはドイツ・マリエンホーフ社のリキュールです［左ページ写真上］。同社はバラのリキュールがたいへん素晴らしく、そのシリーズのリキュールとして、これを使って気に入りました」(平井さん)

　ウイスキー樽で寝かせたアーモンド・リキュールで、焦がしバターのような風味と、甘くとろけるような味わいから『バター』と名付けられたという。

　「ティラミスをイメージして作ったデザート・カクテルです。マスカルポーネを使ったカクテルは、以前からいろいろ考えていました。当初はバター・スコッチ・リキュールを合わせてミキサーで回してみたのですが、何か物足りなさがありました。そこで甘みとしてさらにバニラ・アイスを加えたら、美味しくなりました」(平井さん)

　このカクテルでは、ミキサーはあまり回さないのがポイントで、ほんの3〜5秒程度。マスカルポーネを砕きすぎず、飲んだときに口の中で粒々感が感じる程度にした方が、デザート感が増すという。

東京・銀座『Bar 耳塚』
耳塚 史泰

menu:	イタリアーノ
price:	1,500円（税別）
recipe:	アペロール…35ml チンザノ・オランチョ…25ml レモン・ジュース…1tsp ソーダ…適量 レモンピール
process:	1　グラスにクラックド・アイスを入れ、アペロール、チンザノ・オランチョ、レモン・ジュースを入れ、ソーダで満たす。 2　バー・スプーンで軽くステアし、レモンピールを絞る。

東京・銀座『BAR 耳塚』耳塚 史泰

profile:
19歳で東京・赤坂にあるショットバーに、ホールスタッフとして入社。21歳で東京・銀座の「リトルスミス」に入社し、18年在籍する。2011年には石川・金沢で開催された全国バーテンダー技能競技大会で総合優勝を果たし、2012年IBAワールドカクテルチャンピオンシップ北京大会にて、アフターディナーカクテル部門優勝、ベストテクニカル賞を受賞する。2014年独立。

日本で世界で、タイトルを獲得したバーテンダーがつくる小さなバー

　再開発が著しく、人の流れも時代とともに変化してきた東京・銀座。六丁目のビル地階でひっそりと営業するのが『バー・耳塚』だ。

　店内はオーナー・バーテンダーである耳塚史泰さんとの会話を楽しむカウンター席と、グループで利用できる2つのテーブル席を設けたこぢんまりとしたつくり。

「なるべくお客様一人一人のお顔を見ながら、その方に合った味わいを作りたいと考えています。来店されるお客様は毎回違った面持ちのため、そのときの気分に作用するものをご提供したいのです」(耳塚さん)

　耳塚さんは、2011年に石川・金沢で開催された全国バーテンダー技能競技大会で総合優勝を獲得。翌年の2012年には、IBAワールドカクテルチャンピオンシップ北京大会にて、アフターディナーカクテル部門で優勝、さらにベストテクニカル賞を受賞している。同大会は世界60ヵ国のバーテンダーが集まる、言わばバーテンダーのオリンピックのような大会。そこでタイトルをとったことで、バーテンダーとしての知名度をさらに上げた。

　アフターディナー部門で披露したカクテルのシャイニング・ブルームは、食後にふさわしい甘みとアルコール感を表現した一杯。

「シャイニング・ブルームは、飲むケーキ感覚のアルコールとして組み立てています」(耳塚さん)

　グレイグース・ポワールをベースに、グランマニエ、デカイパー・ブルースベリーと、オレンジとブルーベリーの風味に、さらにはファブリ・コ

コナッツ・シロップ、モナン・クレームブリュレ・シロップそれぞれの甘みを加える。生クリームのなめらかな口当たりも、食後に適した仕上がりとなっている。

　リキュールやシロップを巧みに使い、味の層を立体的に表現した一杯は、

『バー・耳塚』でも飲むことができ、食後酒としても人気が高い。

イタリアを代表する2つのリキュールとレモンを使ったオール・デイ・カクテル

　こうした輝かしい経歴を持つ耳塚さんが提案する、オール・デイ・カクテルがイタリアーノだ。これは、カンパリとスイート・ヴェルモットの古典リキュールを使った、アメリカーノのツイスト・カクテルとして考案。

　これらのリキュールに代わり、イタリアを代表するアペロールとチンザノ・オランチョを使用［左ページ写真上］。さらに、イタリアの特産品であるレモンも使うことで、イタリアの風土に寄り添わせた一杯に仕上げた。

　リキュール・ベースのカクテルは、ビールほどのアルコール度数となるため、食前・食中でも楽しめる。また、レモンの爽やかな酸味、ほのかな苦みは、口直しの一品としても活躍。もう少し飲みたい人、アルコールに弱い人などにお勧めできるカクテルだ。

　「甘みやアルコール度数が高く、後味がべたっとする味わいは飽きが早いため、オール・デイ・カクテルの場合はアルコール度数を低くし、酸味で底上げを図るのがよいと思います。また、見ための色は味への期待感につながります。イタリアーノのアンバーな色あいからはオレンジ、柑橘などが連想されるように、味わいと見ためのイメージのギャップを埋めることも、より美味しく感じさせるポイントですね」（耳塚さん）。

オール・デイ・カクテルは甘みを酸味でつなげるイメージで組み立てていきます。そうすることで後味がすっきりとし飲み飽きしない一杯に仕上がります。

——東京・銀座『BAR 耳塚』耳塚 史泰

menu:	ダークラム・ネバダ
price:	1,800円(税別)
recipe:	バルバンクール・ハイチラム…35ml グレープフルーツ・ジュース…15ml レモン・ジュース…10ml ブランデー…3dash アンゴスチュラ・ビターズ…2dash
process:	1　シェーカーに氷とすべての材料を入れ、シェイクする。 2　カクテル・グラスに注ぐ。

東京・銀座『BAR 耳塚』耳塚 史泰

information: 『Bar 耳塚』
住所／東京都中央区銀座6-6-19 若松ビル 地下2階
電話／03-6274-6629
営業時間／18:00〜翌2:00(祝日は24:00まで)
定休日／日曜日

 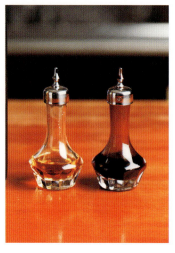

カクテルは単なるアイテムではなくお客様との架け橋になるもの。「これが飲みたかった」と思って頂ける一杯を作るのが私の仕事です。

少量の氷でシェイクし、ラムとブランデーの風味を上げる

　ダークラム・ネバダは、通常ホワイト・ラムで作るネバダのレシピを基に、ダーク・ラムでアレンジした一杯。ショート・カクテルながら、軽やかな口当たりを目指し、構築されている。

　前出のイタリアーノ同様、スタンダード・カクテルのパターンを変え新たな味わいを築くのが、耳塚さんが作るカクテルの特徴の一つとなっている。

　ダークラム・ネバダはアルコール度数が高めのため、中盤以降のカクテルとしてお勧め。

　「カクテルもコース仕立てで考えています。そのお客様が何杯飲むかをある程度読み取り、それに合わせて味わいやアルコール度数で、起承転結がある流れを組み立てていきます」（耳塚氏さん）

　ダーク・ラムには、ハイチ産のバルバンクール・ハイチラムを使用［写真上左］。15年熟成させたラムは上質な熟成香を持ちながら柑橘のフレーバーを身上とするため、果汁と合わせやすい特徴がある。

　また、ブランデーにはダッシュ使いをしてもしっかりと味わいが残るサントリー・ブランデーXOを風味づけに、アンゴスチュラ・ビターズは後に迫るほのかな苦味づけとして用いる［写真上右］。

　またこのカクテルでは、シェイクの際は氷をあまり入れず、ホイップさせるように振るのがポイントだ［右ページ写真右］。これによりふんわりとしたソフト感が生まれ、ラムやブランデーの

風味がアップ。飲んだときに、柑橘の香りもふわっと口のなかに広がる仕上がりになる。

「カクテルは、飲んだとき単に美味しいだけでは弱いと、私は思っています。それよりも、この風味は何だろうと思わせるようなカクテルに、ブレンドの妙を感じます。例えば、際立った味を作るためには、アルコール感にのるフレーバーが必要です。これを構築するためには、ベースとなるアルコールとその脇を固めるフレーバーのブレンドを考え、この組み合わせがすごいと思わせる一杯を目指しています」（耳塚さん）

東京・銀座『BAR 耳塚』耳塚 史泰

アルコール感、味わいなど 好みを細かくキャッチボールする

『バー・耳塚』の客層は20代後半から60代までと幅広い。また界隈が観光地であることや、静かに飲めるクラシック・スタイルのバーであることから、外国人客も来店する。

「最近のお客様を見ると、お任せをオーダーされる方が増えた印象を受けます。漠然とさっぱりとしたもの、甘くないものとおっしゃる方も多いです」（耳塚さん）

一口に「甘くない」とは言っても、カクテルにとって甘さは大事な役割を果たすため、上手く甘みをプラスした組み立てを考える。またアルコールのベースよりも、アルコール感は軽めか、しっかりか、味わいはさっぱりか、ふくよかなど、細かくやりとりをしていくことで、お客から「これが飲みたかった」と思ってもらえる一杯に仕上げる。

例えばアルコール感のしっかりしたものをオーダーするお客には、クラシック・カクテルをすすめる。そこに柑橘系の酸味は必要かを聞くといった具合だ。

「カクテルは単なるアイテムではなく、お客様との架け橋になるものだと思っています。お客様の好きな味、苦手な味を知り、飲みたかった一杯を提供することで、私やお店にシンパシーを感じてもらえる。それがお店のファンになっていただける要素にもなっていると思います」（耳塚さん）

東京・渋谷『BAR CAPRICE』
福島寿継

menu:	マティーニ
price:	1,500円（税別）
recipe:	タンカレー・ロンドン・ドライジン…90ml ノイリー・プラット・ドライ…1〜2tsp ピメント入りオリーブ…1個 レモンピール
process:	1　グラスにクラッシュアイスを詰め、冷やしておく。 2　ミキシンググラスに氷を入れ、よくステアし冷たく冷やして氷を捨てる。 3　ミキシンググラスに硬い氷を入れた後、タンカレー・ロンドン・ドライジン、ノイリー・プラットを注ぎ、静かにステアする。 4　グラスの氷を捨てて水けをきり、グラスに注ぐ。 5　レモンピールを絞りかけ、ピメントを沈める。

——東京・渋谷『BAR CAPRICE』福島寿継

profile:
バーテンダースクール卒業後、1994年に東京・渋谷の大泉　洋さんの店「コレヒオ」に入社し、バーテンダーの修業を始める。2004年、「コレヒオ」が移転し「コレオス」となり、さらに大泉さん引退に伴い閉店したことを受けて、2014年に同じ渋谷駅近くに『カプリス』を開業。大泉さんから学んだ技術と接客を引き継ぎながら、自分のスタイルを少しずつ表現した店にしている。

長いミキシング・グラスに氷を一杯に詰め、ジンとヴェルモットを注ぐことで、らせん形を描くように冷やし、口当たり良く仕上げます。

ベースのジンが毎週20本も空になった。
名バーテンダーの技を継ぐマティーニ

　『バー・カプリス』は、2014年11月1日に開業した店。オーナー・バーテンダーの福島寿継さんは、バーテンダースクール卒業後、大ベテラン・バーテンダー大泉 洋さんの下で、独立までの20年間修業した。

　修業先は、渋谷「バー・コレヒオ」と、移転・店名変更した「バー・コレオス」。こちらのオーナー・バーテンダー大泉さんは、進駐軍の将校クラブでバーの世界に入り、赤坂山王ホテルやホテルニューオータニをはじめ、半世紀を超える年月をバーテンダーとして働いてきた。その大泉さんの引退と「コレオス」閉店を機に独立を果たした福島さん。

　「基本的に、師匠・大泉に教わったことしかできませんので、結果としてその技術とスタイルを引き継ぐ形です。独立に際しても、前の店のカウンターや備品、グラスなどを譲っていただけましたので、それを活かしています。前の店に来られていたかたなら、似た雰囲気に気がつくと思います」(福島さん)

　ただし開業より1年を経て、「コレオス」ではできなかったことも少しずつ始めている。

　「独立してから前の店と違うのは、プライベートストックを出せるようになったという点です。特に世間では、シングルモルト人気が高いので、ブレンデッドにも光を当てたいと思っていて、1980年代のブレンデット・ウイスキーを少しずつ並べるようになりました」(福島さん)

　「コレオス」で、大泉さんのカクテルとして代表的なのが、マティーニだ。閉店が決まってから最後の数ヵ月間は、最後を惜しんだお客で連日何杯もマティーニの注文が入り、ベースのジンが毎週続けて20本も空になったというから、その人気のほどが分かる。

男性的で、ベリードライのレシピでも、
誰にでも飲みやすい味わいに仕上げる

　そのマティーニとは、高さ20cmほどの長めのミキシング・グラスに氷を詰めて作る[右ページ写真]。作るのは、必ずオーダーしたお客の前。完成したマティーニは、独特な円柱形のグラスに注ぐ。最初からグラスすり切りまでなみなみ注ぎ、お客に

は手に持たず最初に口からグラスに近づけてひとすすりしてもらうよう勧める…。

「1991年に師匠が渋谷に店を出したときからの、大泉 洋スタイルのマティーニです。グラスも前の店のものを使っています。男性的でずっしりとしてシャープなデザインのこのグラスは、カクテルとしてのマティーニをイメージして選んだものだと聞いています」(福島さん)

使うジンは、今もタンカレー・ロンドン・ドライジン[左ページ写真]。それを一杯につき90mlも使うのが、同店のマティーニの特徴だ。

「昔はジン、イコール、ゴードンという時代でした。戦後、日本に駐留したアメリカ軍のバーでも、ジンといえばゴードンが使われていたそうです。オールド・バーテンダーのかたにうかがっても、いいジンといえばこの時代は皆ゴードンとおっしゃっていました」(福島さん)

そして大泉さんが昭和39年、新規開業したニューオータニのバーに入ったときは、ビーフイーターだったという。

「そうした、ゴードン、ビーフイーターという流れを変えたかったから、会員制クラブのニューオータニではタンカレーを使ったそうです。ちなみに、前の店では夏冬の年2回の特別営業のときに『進駐軍マティーニ』を出していましたが、これに使うのはゴードンのアルコール分47.3度のものでした。私も、マティーニに使うジンでピンと来るのはゴードンかタンカレー。他で作るのは自信がないですね」(福島さん)

「ベリードライなこのレシピでもドライに感じさせず、口当たりよく飲みやすいのが、このマティーニです。長いミキシング・グラスを使うのも、氷を一杯に詰めた中にジンとヴェルモットを注ぐことで、らせん形を描くように混ぜて冷やすため。またタンカレーを使うのも、いろいろ試してみて、この作り方のマティーニに合うジンだからです」(福島さん)

材料を冷やして、最も美味しいと感じる温度に近づけるのが、大泉スタイルのマティーニ。そこで、やや長めの時間をかけて作るのもポイントだ。マティーニは水っぽくならないよう時間を極力かけないのが一般的だが、その手法では材料を冷やして氷が溶けるギリギリの点を見極めるという。

オーダーしたお客の目の前に移動して作るのは、少し長めに時間をかけて作るため。お客に期待してもらうための演出でもあるという。

── 東京・渋谷『BAR CAPRICE』福島寿継

menu:	ジン・フィズ
price:	1,000円（税別）
recipe:	ビフィータ・ジン47度…45〜50ml レモンジュース…50ml 粉糖…3tsp ソーダ…適量
process:	1　シェーカーにレモンジュースとビフィータ ロンドン・ドライジンを注ぎ、粉糖を加えてよく混ぜる。 2　氷とともにシェイクする。 3　シェーカーのトップを外し、ストレーナーの上からソーダを注ぎ入れる。 4　そのまま円を描くように軽く回して炭酸を合わせたら、グラスにすり切り一杯に注ぎ入れてサーブする。 5　お客が八分目まで飲んだところで、氷を一片入れる。

東京・渋谷『BAR CAPRICE』福島寿継

information: 『BAR CAPRICE』
住所／東京都渋谷区道玄坂2-6-11　鳥升ビル地下1階
電話／03-5459-1757
URL／https://www.facebook.com/BAR-CAPRICE-582252601879122/
営業時間／18:00〜翌1:00(L.O.翌23:00。日曜日は23:00まで)
定休日／火曜日、祝日

名店から、"孫弟子"として受け継いだ作業工程が逆の個性派ジン・フィズ

「コレオス」で、名バーテンダー・大泉さんのカクテルのスタイルを学び、独立後もそれを継承している『バー・カプリス』オーナー・バーテンダーの福島寿継さん。

「『コレオス』には、オリジナル・レシピのカクテルや、スタンダードでも独自のスタイルのカクテルがいくつかありました。26ページのマティーニもそうですが、ジン・フィズもその一つです」(福島さん)

シェーカーでジンとレモン・ジュースと砂糖をシェイクするのは基本通りだが、その後が違う。

「シェイクしたらトップを外し、ストレーナー越しに直接ソーダを注ぎ入れます[右ページ写真左]。そしてシェーカーを横に軽く回し、ソーダと混ぜ合わせます。それを、氷を入れていないグラスに注いで[右ページ写真中]、お客様にサーブします。氷を入れるのは、その後。お客様がジン・フィズを少し飲んで、八分目ほどに減った頃を見計らって、氷を一片グラスに受べるようにします[右ページ写真右]。作り方としては、通常の逆の順番になっているのです」(福島さん)

『カプリス』でも人気が高いのこカクテル。実はこのジン・フィズ、福島さんが修業した「コレオス」大泉さんが考えたスタイルではなく、大泉さんがかつて勤めていたバーのスタイルだった。

「師匠・大泉は、1989年までホテルニューオータニに在職していたのですが、同年に退職後、『コレヒオ』開業までの間に、町場での経営を学ぶために、東京・銀座の『スミノフ』さんに移りました。大泉から、このジン・フィズは『スミノフ』さんで教わったスタイルだと聞いています」(福島さん)

銀座の「スミノフ」とは、N.B.A.初代会長で、91年にはミスター・バーテンダーにも顕彰された故・岩瀬庄治さんの店。

つまり、岩瀬さんが独自に考案したジン・フィズのスタイルを大泉さんが受け継ぎ、さらに今日、福島さんが教わって実践していることになる。

「ソーダの混ざりを良くするための工夫とも考えられます。『スミノフ』さん独自の作り方なので、お店で直接修業されて独立されたかたの中でも、この手法でジン・フィズを作っているかたがいらっしゃるかもしれません」(福島さん)

シェーカーの中にソーダを入れ、それをグラスに注いでサーブ。お客様が飲んでから、氷を。ジンが苦手な人にも飲める軽くて爽やかな味わいです。

東京・渋谷『BAR CAPRICE』福島寿継

レモン・ジュースとの相性で、ジンはビーフイーター。甘みには粉糖を使用

　『カプリス』で人気の、独特な作り方のジン・フィズ。シェーカーに、絞りたてのレモン・ジュースと、ビーフイーター・ジンを注ぎ、粉糖を加えてよく混ぜたら、氷を入れてシェイクする。フルーツはオーダが入ってから絞る。香りを重視するため、絞り置きしない。

　「ジンは、マティーニではタンカレーですが、ジン・フィズではビーフイーターを使っています。ビーフイーターは柑橘系の爽やかさがあり、フルーツ、特にレモン・ジュースとの相性がいいからです。またこのジンにはアルコールが40度と47度がありますが、アルコールが低いと物足りず、ソーダの泡感しか感じなくなるので、47度を使います」（福島さん）

　甘みを補うのは、福島さんは粉糖を使う。

　「シュガー・シロップは店で作っているのですが、ジン・フィズにはあえて粉糖です。甘みで粉糖を使うのは、甘さがさっぱりとしてドライに仕上がるためです」（福島さん）

　シェイクしたら、氷で冷やしておいたソーダを注ぐ。

　「ソーダはクラブソーダです。大泉はホテル出身で、ホテルのバーはクラブソーダが多いからかもしれません。ガス圧も良く、私も気に入っています」（福島さん）

　ジンが苦手な人にも飲める、大人のレモンスカッシュのような感覚のジン・フィズの完成だ。

大阪・梅田
『BAR AUGUSTA TARLOGIE』
品野 清光

menu:	フレッシュ オーガスタ セブン
price:	1,800円（税別）
recipe:	パッソア…45ml パイナップル・ジュース…90ml レモン・ジュース…15ml パッションフルーツ…1/2個
process:	1　ボストンシェーカー「パッソア」、パイナップル・ジュース、レモン・ジュースとパッションフルーツを注ぎ、氷を入れる。 2　よくシェイクし、氷とともにトロピカルグラスに注ぐ。

大阪・梅田『BAR AUGUSTA TARLOGIE』品野 清光

profile:
『オーガスタ・ターロギー』オーナー・バーテンダー品野清光さんは、ホテル勤務を経て87年に「バー・オーガスタ」を開業し独立。2000年、壁を隔てた隣の現在の場所に『オーガスタ・ターロギー』を開業した。遠方からもお客が来店し、満席になることもある。全国的な知名度の関西を代表する人気店。品野さんは（一社）日本バーテンダー協会 関西統括本部 本部長。

オリジナル・カクテルにも力を注ぐ、関西を代表する人気のバー

　落ち着いた店内、美味しいカクテルと希少なウイスキーが豊富に揃うことでも知られる、関西を代表するバーの一つ『オーガスタ・ターロギー』。オーナー・バーテンダー品野清光さんの、気さくな人柄と楽しい会話でも人気の店だ。

　開業は1987年。場所は夜の町・キタ新地とは、大阪駅をはさんでほぼ反対側。大通りを超えたところにある細い路地裏。店のある通りは暗く人けが少なく賑わいはまったくといっていいほどないが、同店を目指して毎日のように大勢のお客がやって来る。16席の店内は、通りとは別世界のように、満員で入れないときもあるほどの賑わいだ（満席になったら、最初に出店した隣の「バー・オーガスタ本店」を開ける。こちらは10席。両店とも禁煙）。

　品野さんは、後述するようにウイスキーでも特にバーボンに魅力を感じ、アメリカに蒸溜所視察に出かけたり、逆にその蒸溜所からのお客が来たりすることもある。そして、それと同じくらいの情熱をカクテル作りにもかけており、オリジナル・レシピを多く持っている。

　「91年頃から、毎年一品ずつですが、オリジナルのカクテルをいろいろ考えるようになりました。当時はまだ独立したてでチャレンジ精神も旺盛です。機会を見つけては実力を磨いて行こうとカクテル・コンペティションに出場していましたから、そのためにオリジナルを作っていたのです。特に93年のトパーズ、94年のマイプレシャスは、ともにN.B.A.の全国カクテル・

コンペティションに出展したときのもので、思い出深いカクテルです」(品野さん)

　その中でも特に人気を集め、今日では同店の看板カクテルとなっているのが、97年に作ったオーガスタ・セブンだ。

甘さと酸味のバランスで、店の看板に。
パッションフルーツのカクテル

　「このカクテルを考えたのは、パッションフルーツ・リキュールのパッソア［左ページ写真上］が日本で初めて発売された直後のことです。あの福西英三先生から『リキュールの本を書くから、パッソアで何かカクテルを考えてほしい』と連絡をいただきました。それで店に来られたとき、たまたま完熟のパイナップル・ジュースがあったため、レモン・ジュースと合わせて作ったのがこのカクテルでした」(品野さん)

　品野さん自身7番目に考えたオリジナル・カクテルだったため、オーガスタ・セブンと名づけた。それが酒コミック『BARレモン・ハート』に載ってから人気を集め出した。ベースの酒は、現在もパッソアを使っている。

　「パッションフルーツのリキュールは、他のメーカーからもいろいろと出されていると思いますが、パッソアはパッションフルーツ感が一番強いと私は感じます。それで、最初から変えずに使っています」(品野さん)

　作る際にも独自のポイントがある。

　「パイナップルの成分で泡立ちますから、お抹茶を立てる感覚で、しっかりとシェイクします。また泡立ちがいいと口当たりがよくなりますから、そのために道具も工夫しました。ボストンシェーカーは噛み合わせを浅くするため、別々のティンを組み合わせています［写真右上］。噛み合わせを浅くすると氷がよく動き、さらに泡立ちがよくなります」(品野さん)

　その後、酸味があった方が女性に評判が良かったので、パッションフルーツの酸味に合わせて調整はするが、レモン・ジュースを15mlに調整したという。

　「完熟したパッションフルーツが出回る時期には、フレッシュを使います。甘さと酸味のバランスが取れていて、アルコールも7％くらいなので、お酒に弱い女性にもちょうど良いところが喜ばれているのでしょう」(品野さん)

お抹茶を立てる感覚で、しっかりとシェイク。泡立ちをさらに良くするため、噛み合わせを変えたボストンシェーカーを使います。

大阪・梅田『BAR AUGUSTA TARLOGIE』品野 清光

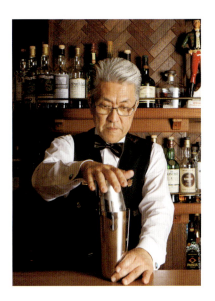

menu:	**ミント・ジュレップ**
price:	1,500円（税別）
recipe:	ウッドフォード・リザーブ…45ml カリブ・シロップ…5ml ミントの葉…5〜6枚 クラッシュアイス…適量 ミントの葉（飾り用）…適量 細めのシップ・スティック…2本
process:	1　グラスにクラッシュアイス、ミントの葉、クラッシュアイスの順に入れる。 2　カリブ・シロップ、ウッドフォード・リザーブを注ぐ。 3　メタルつきバースプーンで叩いて、クラッシュアイスでミントをつぶす。 4　グラスの縁より上までクラッシュアイスを入れ、ミントの葉を飾る。細めのシップ・スティックを2本さす。

大阪・梅田『BAR AUGUSTA TARLOGIE』品野 清光

information:	『BAR AUGUSTA TARLOGIE』 住所／大阪府大阪市北区鶴野町2-3　アラカワビル1階 電話／06-6376-3455 URL／http://bar-augusta.com 営業時間／17:00〜24:00 定休日／無休　※店内禁煙

ケンタッキーダービー公式ドリンクとしてのミント・ジュレップを、ミントの香り高い時期に限定。冷たさと香りを引き出す手法で作る、清涼感が魅力のミント・ジュレップです。

バーボンの魅力を知り、店のハウスボトルにも取り入れる

　36ページでも述べたように、『オーガスタ・ターロギー』ではバーボンにも力を入れており、品揃えも豊富だ。そのきっかけは、あるバーとの出会いだった。同店オーナー・バーテンダの品野清光さんが話す。

　「93年頃のことです。美味しいバーボンが分からなくて、守口の『呂仁』の巽さん（156ページで紹介）に相談に乗っていただいたことがありました。そのことがきっかけで、ケンタッキー

に行こうと思い、巽さんにワイルドターキーの蒸溜所に連れて行っていただきました。現地での試飲や蒸溜所のかたとの話を通して、バーボンは香り、甘み、味のバランス感が美味しさにつながるのだと知ることになり、ケンタッキー通いが始まりました」

　品野さんがバーボンに力を入れていることの表れの一つとして、同店ではウッドフォード・リザーブをハウスウイスキーとしている。

　「ケンタッキーでも、最古参といわれる蒸溜所でつくられているバーボンです。現地で試飲して、非常になめらかな味わいが気に入って、2000年頃から店でお客様にお勧めするように

なりました」（品野さん）

　そのウッドフォード・リザーブを使ったミント・ジュレップが、春先から夏にかけて品野さんが特にお勧めしているカクテルだ。

記念行事にちなみ、現地と同じ銘柄を使い、ミントの香りの良い時期だけに提供する

　「ミントを使ったカクテルとして、近年、モヒートが全盛を極めていますが、ミント・ジュレップはそれ以前から飲まれていました。私自身、バーボンに興味を持っていたので、モヒート全盛に対抗してミント・ジュレップへの注目度を高めたいという思いから、5月から7月頃までの期間、このカクテルをお勧めしています」（品野さん）

　5月第一土曜日は、ケンタッキー州ルイビルのチャーチルズタウン競馬場において、ケンタッキー・ダービーが行われる日。南北戦争の戦禍も冷めやらぬ1875年に第一回が行われ、以後、2016年までに142回のダービーが行われてきた。アメリカでも歴史的な行事だ。

　「それに、ちょうど5月はミントの葉が出る時期です。それもあってか、ミント・ジュレップはケンタッキー・ダービーの公式ドリンクとされ、この日はこのカクテルを飲みながらレース観戦が行われています」（品野さん）

　こうしたエピソードを付け加えることで、たとえ行ったことはなくても現地の雰囲気が伝わり、お客はミント・ジュレップを飲んでみようと思うようになる。また公式ドリンクは各年のスポンサードするメーカーのバーボンが使われており、最近ではウッドフォード・リザーブが使われている。そのための限定ボトルも出ている[左ページ写真]。

　「ミントは、ハウス物を使えば一年中手に入りますが。香り高いのは5月〜7月の間です。このため私はプランターを使ってミントを自宅で栽培し、店でも5月〜7月の間だけ出すようにしています」（品野さん）

　作る際にもポイントがある。

　「クラッシュ・アイスでミントを挟んで、バースプーンで手早くつぶすと、清涼感が逃げません。専用のジュレップカップはよく冷えますので、きちんと作ると氷の入っている部分のカップが氷点下になり、38ページの写真のように表面に氷を張り付けることができます」（品野さん）

大阪・梅田『BAR AUGUSTA TARLOGIE』品野 清光

東京・銀座『bar Evans』
澁谷 貴光

menu:	モスコーミュール
price:	1,300円（税別）
recipe:	モスコフスカヤ（コンポートした生姜を漬け込んだもの）…30ml ライム…1/4個 ジンジャー・エール n.e.o…95ml
process:	1　カットしたライムの皮に、4か所切れ目を入れる。 2　ライムの果肉部分でグラスの縁をぬらしてから、ゆっくりと絞る。 　　皮の油やエグ味などが出ないよう注意する。 3　モスコフスカヤを注ぎ、砕いた氷を入れる。 4　ジンジャー・エールで満たす。

東京・銀座『bar Evans』澁谷 貴光

profile:
美容師から、バーの空間に興味を持ちバーテンダーを志した異色の経歴。様々なバーでの経験後、赤坂「ホワイトラベル」で2年半修業し、2005年に独立。ビル地下で鉄骨とステンドグラスで非日常の空間を演出しながらも、居心地の好い調度を揃え、お客をもてなす。食後のお客に対応するために、貴腐ワインも常に置いている。

立地を含めた、店独自のスタイルを
楽しませるための、最初の一杯

　バーのメッカとされる、いわゆる「夜の銀座」は、銀座4丁目交差点を起点にする南西側の地域。

　一方、東西に走る晴海通りを挟んだ北側の1丁目まで（京橋寄り）の地域は、どちらかというと昼の顔を持つ町だ。その地域でさらに、南北に走る銀座通りから東側（4丁目交差点の北東側）はビジネス街的な様相が強く、大通りの裏手ともなると、夜は人通りさえまばらになる。そうした場所をあえて選んで出店し、個性的な魅力でファンを集めているのが『バー・エバンス』である。

　「銀座は歴史的にも、古くから情報・文化の発信地。そうした最先端の場所で勝負がしたいと思いました。特に8丁目までの地域は、バーテンダーにとっては憧れの場所です。しかしその分、競合店が非常に多いのも現実。そこでは場所の雰囲気に流されてしまい、自分の本来やりたかったことが表現できないのではないかと思いました」

　と語るのは、同店オーナー・バーテンダーの澁谷貴光さんだ。

　「一般に、バーに求められるものは、美味しい酒だけでなく、雰囲気であったりお客様自身であったりとさまざまです。その中でも、私は他にない雰囲気の中で、会話とともに静かにお酒を楽しんでいただこうと思いました」（澁谷さん）

　その澁谷さんが、店のスタイルやお客の要望に沿うドリンクの一つとして、最初に勧めているカクテルが、モスコーミュールだ。

風味の「厚み」を個性にするために、
ウォッカの選択、ライムの絞り方を工夫

　「場所柄、食後に使っていただくことが多い。例えば、和食店で日本酒などを飲んできたお客様もいらっしゃいます。そうしたかたに、『一度さっぱりしませんか？』とご提案するためのカクテルにしています」（澁谷さん）

　モスコーミュールは、ジン・トニックと並んで、今ではバーはもちろんのこと、ダイニングなど他の業種の店にも置かれているカクテル。しかし、どこにでもあるカクテルだからこそ、独自のスタイルを出せば自分だけのモスコーミュールになると考え

た。独自のモスコーミュールの個性は、「厚み」にある。

「味に『厚み』を出すには、甘みと酸味が必要です。そこで、まずウォッカにコンポートした生姜を漬け込み、甘みとしました」（澁谷さん）

以前は、フレッシュな風味を活かすために、生姜をすりおろして加えたこともあったという。しかし生姜は季節で風味が大きく変わってしまう。そこで、生姜を煮詰めた健康食の情報をヒントに、コンポートを思いついた。風味は砂糖の量で調整し安定させている。

ちなみにウォッカは、より雑味がないモスコフスカヤを選択［左ページ写真］。コンポートした生姜の風味を活かしたいので、ウォッカはアルコール感だけを感じさせるものにしたのだ。

> ライムの酸味だけを、しっかりきかせるために、絞り方を工夫します。コンポートした生姜の甘みと相まって、「厚み」のある一杯に仕上がります。

東京・銀座『bar Evans』澁谷 貴光

「でも、このウォッカだけでは味が締まらない。そこで次に、ライムの酸味をしっかりと入れます。酸味を加えて初めて、『厚み』が出ます。このとき、苦みなどは邪魔になるので、酸味だけを加えるために絞り方を工夫しました」（澁谷さん）

澁谷さんは、カットしたライムにさらにひと手間をかける。皮に4か所切れ目を入れてから絞るのだ［上写真左］。

「これだと、絞る時、ライムに余計なストレスを与えないので、皮からの油も出ません。ジュースは香りと酸味だけで、苦み、エグ味は出ません」（澁谷さん）

次にウォッカを入れ、氷を砕いて入れる。厚みのある味わいなので、お客によってはちょっと味が濃いという人もいる。そうした人への配慮として、氷は砕いて加えることで氷を溶けやすくした。なおジンジャー・エールは、モスコーミュール用に考案された佐賀県産のものを使っている［上写真右］。

menu:	ラスティ・ネイル
price:	2,000円（税別）
recipe:	ホワイトホース12年（オールドボトル）…22ml ラガヴーリン…0.4ml ドランブイ（オールドボトル）…8ml
process:	1　常温のグラスに、ホワイトホースとドランブイを注ぎ、そこにほんの少量のラガヴーリンを加える。 2　グラスを静かに回して、混ぜ合わせる。 3　口の開いた常温のグラスに高い位置から注ぎ入れる。

――東京・銀座『bar Evans』澁谷 貴光

information:　『bar Evans』
　　　　　　　住所／東京都中央区銀座3-8-15　銀座中央ビル地下1階
　　　　　　　電話／03-3563-2998
　　　　　　　営業時間／18:00～翌2:00（L.O.翌1:00。土曜日は18:00～翌1:00、L.O.24:00）
　　　　　　　定休日／日曜日、祝日

食後酒として、時間をかけて楽しませるために、あえて常温で

　前述のように、食後に来店するお客が多いという『バー・エバンス』。このため、デザートワインなど、食後に楽しめる酒を比較的多く揃えているのも同店の特徴。またモスコミュールのように、カクテルも食後利用で勧めることが多いのも同店ならではだ。

　ラスティ・ネイルもそうした同店の食後酒の一つ。

　「ウイスキー・ベースでバーらしいイメージのカクテルとして、食事の後にゆっくりとお酒を楽しみたいというお客様には、よくお勧めしています」（同店オーナー・バーテンダー澁谷貴光さん）

　ラスティ・ネイルは、オールド・ファッション・グラスなどを使い、ロック・スタイルで出すのが一般的とされているカクテル。だが同店のスタイルでは、あえてグラスを変えて常温で提供している。これにも理由がある。

　「ゆっくりと飲みたいお客様のため、飲んでいる間に氷で薄まらないようにしたい、というのが一番の理由です。次に、食後酒として胃を活発にし、消化を促すためにも体が冷えないよう冷たくない方がいい。こうしたことから、私は常温でお出しするようにしています」（澁谷さん）

　また味わいの面では、スコッチと、スコッチのリキュールであるドランブイを組み合わせるシンプルなカクテルだけに、それぞれにどのような酒を組み合わせるかでも、個性が大きく違ってくる。

バーならではの食後酒として、非日常性を感じながら、ゆっくりとお酒を飲みたいというかたが楽しめる味わいのラスティ・ネイルです。

東京・銀座『bar Evans』澁谷 貴光

「ラスティ・ネイルは、やわらかな甘みが楽しめるカクテル。その甘みとスコッチの香りを、バーという特別な空間で、ゆっくりと楽しんでほしい。私はこのカクテルのスコッチにはホワイトホース12年を使っていますが、特別感と、落ち着いた味わいを楽しんでもらうために、ホワイトホースもドランブイも、70年代のオールドボトルで作るようにしています［左ページ写真左］」（澁谷さん）

僅か0.4mlほどのアイラ・モルトを加え、味わいに幅を持たせ、飲み飽きさせない

「古いホワイトホースもドランブイも、もちろんそれ単体で美味しいものです。エキス分が異なるため、現代のボトルとは味わいが全く異なります」

と澁谷さん。濃厚な味わいの酒だけに、組み合わせると甘みもコクもより強く、飲み飽きる味わいになってしまうという。特に同店は、常温で提供するスタイル。一般に甘みは常温だと舌に強く感じるものだ。それでも飲み飽きさせないよう、澁谷さんは味にアクセントを加えた。

「ホワイトホースのキーモルトの一つ、ラガヴーリンをほんの少量だけ加えます」（澁谷さん）

このことでアイラ島のウイスキー特有の強いピート香が加わり、甘ったるさに変化が出て、飽きずに飲めるようになる。

「ただ、ラガヴーリンは個性が非常に強いため、加えるのはほんの少量の0.4mlほど。これが1mlだと、ピート香が勝ち過ぎてしまう。それほど繊細なものなのです。単調な味わいより、幅を持たせた方が、人間はより幸福感が高まるともいわれています。このラスティ・ネイルで、幸福感を感じてもらいたいですね」（澁谷さん）

このカクテルでは、テイスティング・グラスで酒を組み合わせ、ワインをスワリングするように混ぜ合わせる。香りが立ってきたら、その香りを楽しませるよう、口の開いたグラスで提供する。

大阪・北新地 『BAR Foce』
バー フォーチェ
京中 武将

menu:	# フォーチェ
price:	1,500円（税別）
recipe:	バカルディ・スペリオール（ホワイト）…25ml ラズール・グレープフルーツ・リキュール…20ml レモンチェッロ…10ml フレッシュ・ライム・ジュース…5ml バジル・シロップ…1tsp グレープフルーツ・ピール
process:	1　材料をシェーカーに入れる。 2　大小のサイズを混ぜた氷とともにシェイクする。 3　カクテル・グラスに注ぎ、グレープフルーツ・ピールを絞りかける。

大阪 北区『BAR Foce』京中 武将

profile:
20歳からバーテンダーを志し、大阪・高槻や京都のバー経験を経て、北新地の『BAR YOSHIDA』で7年修業。その後、2016年春に33歳で独立。その間に国内で開催されるカクテルコンペティションに出場し、多数の賞を受賞する。カクテルの技術はもちろんながら、『BAR YOSHIDA』仕込みのホスピタリティ溢れる接客が評判を呼ぶ。

Foceはイタリア語で港の意味。その言葉から関連づけたイタリアのリキュール、海をイメージするラムを用いることに。言葉のピースを集めるようにしてカクテルの味を構築していきます。

満を持しての独立となったオリジナル・カクテルの名手

　海を想わせる青い看板の扉を開けると、天井から吊り下がるマリンランプ、趣のある梁、舷窓を思わせる丸窓…。まるで港に漂う船の中を思わせる店内は、北新地という街中にいながらにして、心地よく日常を引き離してくれる。

　「私にとってこの店は旅立ちの港であり、お客様にとっては、疲れを癒しに帰ってくる港でもあってほしい。そんな思いが詰まった空間です」

　2016年3月3日3時33分33秒、33歳で『バー・フォーチェ』を開業したオーナー・バーテンダーの京中武将さんは、自身にとっての新たな出航となるこの店への思いをそう話す。

　北新地で人気を博す「BAR YOSHIDA」で7年間研鑽を積み、その間の賞歴を挙げれば、2011年第16回全国ジュニアバーテンダーカクテルコンペティションでグランプリ、2015年にはヨコハマカクテルコンペティション2015でグランプリとベストネーミング賞を受賞するなど、枚挙にいとまがない。そのことからもカクテル作りにおいて、京中さんの創作性や技術力をうかがい知ることができる。

　「修業中に学んだことは、カクテルも料理も一つのことを探究するという姿勢です。一つのカクテルを自分のものにするま

で徹底的にトライ・アンド・エラーを繰り返すことで、自分が作りたい味わいを追求してきました」(京中さん)

カクテルへ真摯に向き合う姿勢と技量を体得し、満を持しての独立となった。

オリジナル・カクテルは名前をヒントに作りたい味を構築していく

大阪・北区『BAR Foce』京中 武将

バカルディのホワイト・ラムをベースにしたフォーチェは、京中さんにとって、思い入れ深いカクテルになる。前述の第16回全国ジュニアバーテンダーカクテルコンペティションでグランプリを受賞した際のオリジナル・カクテルであり、屋号にもその名を付けた代表作でもある。

フォーチェ(Foce)とはイタリア語で港の意味になり、地中海を思わせる爽やかなエメラルドグリーンが印象的なショートカクテル。

「オリジナル・カクテルを考える場合、最初に名前を決め、その後、それに関連する材料を集めるというのが私のスタイル。味のイメージよりも、言葉からイメージするピースを集めながら、味を組み立てていきます」(京中さん)

Foce=イタリア語、港をキーワードに、イタリアを代表するリキュールとしてレモンチェッロ、そして海と関連深いラムを選択。グレープフルーツ・リキュールのラズールは、フランス産ながらボトルデザインが地中海をイメージすることから取り入れ、バジル・シロップを加えたのは、バジルはイタリアでは欠かせない食材であることから、という理由も実にユニークだ。

ちなみにラムの中でもバカルディのホワイト・ラム[左ページ写真]を選んだ理由は、クセがないことからカクテルとして仕上げた時に、味の収まりがよかったからだという。

「一つ一つの素材の味を突出させるのではなく、私の場合は仕上がりの味のバランスを重視してカクテルを考えます。例えば、このカクテルであれば、目指すべき味は、海を思わせる爽やかさ。そのイメージが的確にあれば、必要な要素は自然と見えて来ますので、それを一杯のカクテルに落とし込むように味わいを構築していく。そんなインスピレーションを大切にしています」(京中さん)

ホワイト・ラムの中に様々な柑橘のテイストが複雑に絡み合い、すっきりとシャープな味わい。若干28歳で創作したカクテルは、その若さを感じさせる清々しさに溢れている。

menu:	ブランデー・スリング
price:	1,600円（税別）
recipe:	ピエール・フェラン…45ml ザラメ糖…1tsp レモン・ジュース…20ml プレーン・シロップ…5ml オレンジ・シロップ…5ml 粉糖…1tsp 水…40ml オレンジ・スライス　適量 レモン・スライス　適量 ミントの葉
process:	1　グラスに、ザラメ糖と5ml程度のピエール・フェランを入れ、馴染ませる。 2　シェーカーに残りのピエール・フェランとレモン・ジュース、プレーン・シロップ、オレンジ・シロップ、粉糖、水を入れ、大きめの氷を入れてシェイクする。 3　グラスに注ぎ入れる。 4　オレンジとレモンのスライスを飾り、ミントを飾る。スプーンを添える。

大阪・北区『BAR Foce』京中　武将

information:　『BAR Foce』
住所／大阪府大阪市北区曽根崎新地1-3-29　リップルMAXビル5階
電話／06-6455-8020
営業時間／17:00〜翌3:00（L.O.翌2:00。土曜日、祝日は24:00まで、L.O.23:00
定休日／日曜日

ザラメ糖をグラス底に忍ばせることで
時間を経ても楽しめる一杯に

『フォーチェ』の京中武将さんにとって、オリジナル・カクテルはもちろんだが、スタンダード・カクテルにおいても、独自のスタイルを追究することに余念はない。

「スタンダード・カクテルの場合、その名前を知っているけれど、それをレシピ通りに作った時に、本当にそれが満足する味なのか。そこに疑問を持つことで、美味しさを高められるのであれば、自分なりのアレンジを加えることも大切だと考えます」

と京中さん。その一つが、ブランデー・スリングだ。

ブランデー・スリングといえば、ブランデーをベースにレモン・ジュース、砂糖を加え、水で割るロング・カクテル。

「こういったカクテルはシンプルさゆえに、独自のレシピをプラスする余地があるところが面白い。アレンジの一つとして、粉糖だけでなくザラメ糖を用いています」（京中さん）

最初にグラスにザラメ糖を入れ、少量のブランデーを加えて馴染ませ、少し溶けた状態にする［写真上中の上下］。そうした上で、コニャックのピエール・フェラン［写真左］とレモン・ジュース、粉糖などをシェイクし、その上に注ぎ入れる。

「ザラメ糖をなぜ最初に入れるか。それは、ロング・カクテルの場合は氷が溶けて、水っぽくなってしまうのを回避するためです。下にザラメ糖を忍ばせることで、時間が経つにつれ少しずつ溶け、最後まで薄まらず美味しく飲めますから。また、スプー

ンを添えることで、途中で溶け残ったザラメ糖をすくって味わってもらうなど、いろいろな楽しみ方を提案したい」(京中さん)

"味が薄まってしまうのは仕方がない"で終わらせるのではなく、最後まで美味しさをキープさせる。でき上がりの味わいだけでなく、時間が経つことで変化する味も計算することも、カクテルを作る上で重要なのだという。

温度にも細心の注意を払い、氷の大きさ、溶けしろまでも考慮

「カクテルをお客様にご提供する際に一番に気を使うことは、アルコールの強さや甘酸味のバランスです。その中で、温度にも細心の注意を払い、氷もカクテルで使い分けます」(京中さん)

シェイクする場合、作るカクテルにもよるが、氷のサイズを大小組み合わせる。今回のブランデー・スリングはブランデーの香りを感じさせ、またシェーカーに入れる液体の量が多いので、大きい氷で冷やしすぎないように作ると京中さんはいう。

「店の込み具合や季節など、毎回、同じ条件でカクテルを作れるとは限りませんから、氷のサイズ、入れる数、シェイクの回数、速度、振り方を変えて、指先から伝わる感覚を頼りに、仕上がりの味をイメージします」(京中さん)

今回、ピエール・フェランを用いた理由を聞けば、その味わいの豊かさをカクテルで強調したかったという。

「ピエール・フェランはストレートで飲んでも美味しいコニャックなので、ブランデーのカクテルを作るにあたり、このお酒をベースにカクテルの味を考えていこうと思いました。オリジナル・カクテルは先にネーミングありきですが、すでに名前があるスタンダード・カクテルの場合は、どの銘柄を使うかは自由ですから。自分が作りたい味わいに適したものを選ぶことを、重視しています」(京中さん)

飲むタイミングやシチュエーションをイメージした上で、アプローチをそのつど変えながら、一つのカクテルを構築していく。ゲストには見えない部分にも繊細な仕事を施すことで、同店独自の味となっている。

「目指す味は、一口飲んだ時に美味しいと言っていただけるものです。今まで飲んでこられた同じカクテルであっても、そこに新たな驚きを見つけていただければ本当にうれしいですね」(京中さん)

スタンダード・カクテルの場合、レシピ通りで本当にそれが満足する味なのか。そこに常に疑問を持つことで、美味しさを高められるのであれば、自分なりのアレンジを加えることも考えます。

―― 大阪・北区『BAR Foce』京中 武将

兵庫・神戸『BAR Le Salon』
バール・サロン
吉成 幸男

menu:	国産ブラッドオレンジのカクテル
price:	1,800円（税別）
recipe:	クレーム・ド・ペシェ ド・ヴィーニュ…10ml シロック…60ml ミントの葉…20枚 竹炭パウダー…1tsp ブラッドオレンジ…1.5個 木イチゴ… 少々
process:	1　グラスにオレンジを一房入れる。 2　シロック、ミントの葉をブレンダーで撹拌する。 3　茶漉しで漉した「2」を、竹炭を加えたシェーカーに入れ、クレーム ド・ペシェ・ド・ヴィーニュ、絞ったオレンジ・ジュース、氷を加えてシェイクする。 4　「1」に注ぎ入れ、グラスの縁に木イチゴのパウダーを飾る。

兵庫・神戸『BAR Le Salon』吉成 幸男

profile:
中学生の頃からバーテンダーに憧れるも、大学卒業後に会社員経験などを経て、1998年に同店を立ち上げる。画一的なサービスではなく、ゲストに合わせた絶妙な距離感と、同店でしか味わえないオリジナリティー溢れるカクテルで人気を博し、神戸を代表するバーへと成長。特に30代以上のアッパークラスから支持されている。

自身のバーで表現するのは、武士道にも通じる凛とした美意識の世界

　神戸を代表するハイソサエティな店が数多い北野町は、日が暮れ始めると、さらに趣を増し、大人のための街へとその表情を変えていく。そのエリアでひと際異彩を放つバーが、『バー・ル・サロン』だ。通称、ハンター坂に面したビルの2階。細い階段を上がって扉を開けると、オレンジ色の光に彩られた店内が幽玄ともいえる雰囲気で浮かび上がる。竹材を用いた美しいバックバー、ブビンガの一枚板を使ったカウンターは赤く艶やかで、ここで過ごす時間が特別であるよう整えられた

> 誰かに学ぶことも大切ですが、自分なりの解釈をし、味を追究することで納得のいくものができる。そうした過程が今のカクテル作りにも活かされていると感じます。

上質な空間が、心地よい緊張感をもって迎え入れてくれる。今では神戸を代表するバーとして人気を博しているが、
　「隠れ家的な店にしたかったこともあり、オープン当初は看板すらなかったんですよ」
　オーナー・バーテンダーの吉成幸男さんはそう話し出す。
　この道へ進んだきっかけは、中学生の頃に映画か小説かで、バーの世界を知ったことから。
　「ずっと空手を学んでいて、もともと武士道のような凛とした世界が好きだったんです。バーテンダーの世界にも武士道にも通じる凛とした美意識を感じ、美しいなと思ったのがきっかけでした」
　と吉成さん。大学在学時にバーテンダーになることを決めた

ものの、大学卒業後は一度、会社員として就職。バーを訪れる多くのゲストが会社員であるならば、その経験を経ることも必要だと考えたからだ。その後、1998年に同店をオープンした。この間、あらゆるバーに足を運んだものの、一度もバーテンダー経験がないまま店を開いたという。

「すべて独学です。誰かに学ぶことも大切ですが、自分なりの解釈をすることで、どうしてこんな味になるのか、どうすればより美味しくなるのかを突き詰める方が、納得のいくものができると思いました。そうした過程を経たことが、今のカクテル作りにも活かされていると感じます」（吉成さん）

真っ黒なカクテルを作りたい。
その思いから誕生した、漆黒の一杯

独学で追究したバーテンダーとしての技術。レシピを徹底的に研究し、吉成さん独自の見解とアイデアを加えて再構築する過程を何度も繰り返したことで、次第にオリジナルのレシピが出来上がっていった。この店ならではのカクテルも数多く誕生し、その中でもその異色さから人気となっているのが、国産ブラッドオレンジのカクテルだ。

黒っぽいカクテルではなく、まるでイカスミのような漆黒の一杯に、提供されたお客のほとんどは驚きの声を上げると吉成さんはいう。

「黒いカクテルを作りたいという発想から生まれたのがこのカクテルです。お客様がこれを見て驚くと同時に一口飲むと笑顔になる。カクテルを作る理由の一つが、お客様に喜んでいただきたいという思いがあるので、それが目に見えてうれしい一杯でもあります」（吉成さん）

まずはシロック［左ページ写真左］とミントの葉をブレンダーで撹拌して漉す。その後、竹炭を仕込んだシェーカーで国産ブラッドオレンジを絞ったフレッシュのオレンジ・ジュースと桃の完熟した味わいが特徴のピーチ・リキュールのクレーム・ド・ペシェ・ド ヴィーニュ［左ページ写真右］を一緒に合わせることで完成する。

「その色から想像できない国産のブラッドオレンジならではの豊かな果実味が意外性を呼ぶ一杯です。私自身、黒と赤の組み合わせはすごく美しいと思うので、目でも楽しめるカクテルとしてお作りしています」（吉成さん）

兵庫・神戸『BAR Le Salon』吉成 幸男

menu:	バナナのフローズン・カクテル
price:	1,800円（税別）
recipe:	アルコール※ バナナ…1本 ● ● ● ※ヨーロッパのスピリッツをメインに3種類のお酒を組み合わせたもの。容量は非公開。
process:	1　バナナをカットし、その1切れカットし、砂糖をのせ、キャラメリゼする。 2　ブレンダーに残りのバナナとアルコール、氷を入れ、撹拌する。 3　シャーベット状になったものを器に注ぎ、「1」のバナナを飾る。

――兵庫・神戸『BAR Le Salon』吉成 幸男

information:	『BAR Le Salon』 住所／兵庫県神戸市中央区中山手通2－14－13　ハンタービル2階 電話／078-271-0066 営業時間／19:00〜翌2:00（日曜日、祝日は24:00まで） 定休日／不定休

バーテンダーは職人であり、
カクテルは芸術でもある

　『バー・ル・サロン』を訪れるお客の90％以上がオーダーするのが、フルーツを使ったカクテルだ。店には常時10種類ほどのフルーツが用意され、お客のオーダーに合わせてカクテルを作っていく。最初からフルーツのカクテルをメインにしようと決めていたわけではなく、フレッシュ本来の味わいを追究していった結果だと吉成さんはいう。

　「店を始めた当初から、生のフルーツの魅力を徹底して活かそうと決めていました。仮にフルーツの果汁を少量しか使わないカクテルであっても、フレッシュなものを使えば味わいが高められますから。生産者から厳選し、素材も妥協せず納得したものだけを使う。当時はそうしたことに取り組んでいる店が少なかったので、自然と評判になったのだと思います。そうして気が付いたら、フルーツパーラーになっていたんですよ」

　吉成さんはそういって笑うが、そうなることは本意ではなかったものの、お酒が苦手な人もフルーツのカクテルが導入口となってバーに対する既存のイメージが変わったり、そこからスタンダード・カクテルやウイスキーの美味しさを知ってもらえるきっかけになればと考えているそうだ。

　「店にメニューは置いてないので、お客様には『今日はこんなフルーツがありますが、普段はどんなものを飲んでいらっしゃいますか』『アルコール度合いはいかがしますか』など、会話を通して、お客様が望んでいらっしゃるものを探っていきます。そうすることで、お客様の知らないことを提案し、カクテルの世界をさらに広げてあげることも、バーテンダーとしての重

要な仕事だと思いますから」

と、吉成さん。「バーテンダーは技術職であり、カクテルは芸術である」という高い志が、この店の魅力となっている。

凝り固まった既存の考えを離れて
新しい嗜好の扉を開く

　当然ながらフルーツを使ったカクテルには、吉成さんらしい職人気質が発揮され、オリジナリティ溢れる一杯に出合うことができる。その一つが、バナナのフローズン・カクテルだ。

　白い信楽焼の器に入ったこのカクテル、バナナとお酒を合わせてブレンダーで撹拌することで、一見するとムースのデザートのようにも見える。だが、一口飲めば、バナナの芳醇な味わいを複雑にブレンドしたお酒が押し上げ、なめらかな舌触りが深い余韻を残す一杯に仕上がっている。そんな意外性もあって、オープン当初から18年にわたって人気を呼び、今では店の看板メニューになっている。

　「美味しさを重視するのは当然ですが、器で遊び心をくすぐり、口当たりのよさなども考慮して出来た一杯です。また、ここで使用するのは、ヨーロッパのスピリッツをメインに3種類のお酒を組み合わせたもの［左ページ写真］。ブレンド方法は非公開でお伝えできませんが、フルーツと合うお酒を考える時に、そのよさを引き出すため、既存のものだけでなく、独自でブレンドして使う場合も多々あります」(吉成さん)

　料理の世界でエル・ブジが革命を起こしたように、新しい嗜好の扉を開くことを常に意識しているという。

　「カクテルだからといって素材に捉われることなく、昆布でとった出汁を使っても、醤油を使ってもいい。私自身、実際に使うこともありますから。"レシピブックに載っている作り方だから""このカクテルにはこのお酒を使うよう教わったから"といった凝り固まった考え方が、カクテルの発展や嗜好を抑制してしまっていると思います。例えば、トニック・ウォーターも市販のもので飽き足らなければ、自分で作ればいいという考え方です」(吉成さん)

　吉成さんいはく、「味は面ではなく、点」だという。

　「味にはここじゃないと美味しくないという点があると思います。1滴2滴で味はガラリと変わる。そのピンポイントの美味しさを表現できるよう目指していきたいですね」(吉成さん)

——兵庫・神戸『BAR Le Salon』吉成 幸男

バーテンダーは技術職であり、カクテルは芸術。会話を通して、お客様の望みを探りつつ、知らないことを提案してカクテルの世界を広げてあげることも、バーテンダーとしての重要な仕事だと思います。

東京・吉祥寺『BAR ALBA（バー アルバ）』
武田 慎生

menu:	フローズン・チェリー・カクテル
price:	1,200円（税込）
recipe:	ビーフイーター・ロンドン・ドライジン…30ml ルクサルド・モラッコ・チェリー…5ml レモン・ジュース…10ml カリブ・シロップ…適量 アメリカン・チェリー…3個
process:	1　アメリカン・チェリーは、半割りにして種を抜く。 2　ミキサーに1を入れて回したら、ビーフイーター、ルクサルド・モラッコ・チェリー、クラッシュ・アイスを加えて回す。 3　味を見て、甘みが足りなかったらカリブ・シロップで甘みを補い、再び回す。 4　氷が細かくなめらかになったら、グラスに入れる。

——東京・吉祥寺『BAR ALBA』武田 慎生

profile:

『バー・アルバ』オーナー・バーテンダーの武田慎生さんは、大学卒業後、サラリーマンを退社し、27歳で知人の店を任されたのがきっかけでバーの世界に入る。2年ほど店を経験し、渋谷「ラルゴ」で3年ほど修業。2000年に独立オープン。シングル・モルトとリキュールを数多く揃え、またフルーツ・カクテルには特に力を入れており、常連客に人気を集めている。

果物は、カクテルにして美味しいものを選び、カクテルに向く味になるよう扱う

フローズン・カクテルのベースにジンはあまり使わないものですが、チェリーと合わせると甘さのキレがいい。果物の風味も邪魔しないので、ビーフイーターを使います。

　東京・吉祥寺は、多摩地区でも有数の繁華街として知られる町。特にJR駅前を中心に飲食店やショッピングビルなどの商業施設は多く、学生、サラリーマン・OL、家族連れや年配層とさまざまな人たちが行きかう。町の変化も早く、人通りの割に商売が難しい町としても知られている。

　バーも、もちろん多い地域。だが、吉祥寺の飲食店の例にもれず、代替わりが激しい。傍目には繁盛しているように見えて、いつの間にか店名が変わってしまうこともしばしばだ。そうした難しい町で、15年以上にわたって常連のお客を掴み、支持を集めている人気店が『バー・アルバ』だ。

　同店は、オーナー・バーテンダーの武田慎生さんが2000年に開業した店。シングルモルト・ウイスキーに加え、フルーツを使ったカクテルでも人気を集めている。

　「カクテル素材は、ほとんど自家製にしています。トマトジュースやジンジャーエールなども自家製。ミントも私が育てたものを使っています。季節感を大切にしたかったので、フルーツ・カクテルに力を入れていますが、フルーツは扱い方が大変です。ほとんどのフルーツは、産地で早めに摘んで、流通しながら熟成させるからです。完熟の美味しさを味わっていただきたいので、買ってきたら店で追熟させて、甘みと香りを高めるようにしています」(武田さん)

　フルーツは、産地やつくり手によって、味わいが大きく異なるもの。武田さんが求めるフルーツは、そのまま味わって美味しいものではなく、カクテルにして美味しいものだ。

　「グレープフルーツはカクテルに比較的よく使うフルーツで、私は夏場は南アフリカ産を使っています。国産のものは、確かに甘みが強く美味しいのですが、私がカクテルにするには味の力強さが弱い気がするからです」(武田さん)

　フルーツの種類によっては、品質に当たり外れの大きい産地のものもある。そうなると原価にも響いてくるので、選ぶ際は産地の得手不得手も見越して選ぶという。

　また、店での扱い方にも配慮する。

　「グレープフルーツは、面倒でも皮と白いワタをむいてから絞るようにしています。余分な渋みやエグ味を出したくないからです。栄養は豊富といわれますが、それらの味わいとしてはカ

クテルには不向きなので」(武田さん)

　その武田さんが夏場にお勧めしているのが、チェリーを使ったフローズン・カクテルだ。

春から初夏にかけて、旬のチェリーをビーフイーターと合わせフローズンに

　「フローズン・チェリー・カクテルは、毎年5月から7月くらいの時期にお勧めしているカクテルです。5月に入って、カリフォルニア産が入り始める頃です。他のフルーツとの関連でいうと、ちょうど国産のイチゴが終わった頃から、桃が美味しくなる前の時期です」(武田さん)

　このカクテルの特徴は、ジンを使うこと。

　「フローズン・カクテルのベースには、ラムを使うことが多いのですが、これはジンを使っています。チェリーとジンとの香りの相性が良いのはもちろんですが、飲むと甘さのキレがいい。それに、ジンのフローズン・カクテルはあまりないので、お客様の印象にも残りますから」(武田さん)

　ビーフイーター[右ページ写真]を使うのは、ジュニパーの香りがやわらかく、主張が少なくてチェリーを邪魔しないからと武田さん。フルーツ・カクテルに向くジンとして使っている。

　合わせるのは、ルクサルド・モラッコ・チェリー[写真上中]。独特のルビー色が印象的な、イタリア産のチェリー・リキュールだ。

　「酸味と甘みのバランスがちょうど良く、チェリーの風味もあり、ジンの風味とも良く合います」(武田さん)

　レモンとシロップは、その時のチェリーの味を見てから足すようにしている。

――東京・吉祥寺『BAR ALBA』武田 慎生

menu:	ミックス・ベリー・フィズ
price:	1,200円（税込）
recipe:	クレーム・デ・フルール・ルージュ・ビオ…30〜40ml レモン・ジュース…10ml 砂糖…適量 ラズベリー…適量 ストロベリー…適量 ブルーベリー…適量 ソーダ…適量
process:	1　ベリー類はそれぞれカットし、すべてミキサーに入れて回す。 2　ペースト状になったら、クレーム・デ・フルール・ルージュを加え、味を見てレモン・ジュースを足す。甘みが足りないようなら、砂糖を少量足して、再びミキサーを回す。 3　氷を入れたグラスにソーダを注ぎ、その上から「2」を流し入れる。氷を持ち上げる程度にステアする。

●──東京・吉祥寺『BAR ALBA』武田 慎生

information:	『BAR ALBA』 住所／東京都武蔵野市吉祥寺南町1-5-10 地下1階 電話／0422-48-2585 営業時間／19:00〜翌1:00 定休日／日曜日

フルーツ・リキュールを、フレッシュの魅力を補うために使う

　東京・吉祥寺で固定客を掴み人気の『バー・アルバ』。同店ではシングル・モルトのほかに、リキュールを多く揃えている点でも個性的だ。
　「リキュールも結構揃えていて、現在のところ100種類くらいあると思います。他の酒と違い、リキュールはいろいろな国でいろいろな個性のものがつくられています。店では、薬草系、フルーツ系、チョコレート系など、そのままお出しして美味しいものを揃えています」
　というのは、同店のオーナー・バーテンダー武田慎生さん。甘い酒や香りの強い酒を飲む習慣は、日本ではまだ少ないだけに、リキュールを揃えて味わいや個性を伝えながらお客に勧め、従来とは違った新しい魅力を楽しんでもらおうという考えだ。
　また、同店ではフルーツ・カクテルにも力を入れているので、フルーツのリキュールを用意し、季節のフルーツと組み合わせて積極的にリキュールを使い、カクテルの方の魅力も高める。
　「フルーツ・リキュールには、フレッシュにはない味わいがあります。色もフレッシュより鮮やかなものが多く、風味もしっかりとしています。私はフレッシュに力を入れているので、フルーツ・リキュールがメインのカクテルの方をお勧めすることはあまりありませんが、フレッシュにはない部分を補うという意味で、フルーツ・リキュールを活用しています」(武田さん)
　その一例として武田さんに挙げていただいたのが、ベリー類にベリーのリキュールを合わせて作った、非常に濃厚な味わいのカクテル、ミックス・ベリー・フィズだ。

個性の異なる3種のベリーを組み合わせ、4種フルーツのリキュールと合わせる

　「ベリー類の旬が始まる、初夏の頃からお出ししているカクテルです。フィズは爽やかに飲めるドリンクですが、このカクテルは濃厚なベリー感が楽しめる一杯です。非常に色鮮やかなこともあり、女性に人気のカクテルです」(武田さん)
　フレッシュのベリーは、ラズベリー、ストロベリー、ブルーベリーの3種類。それぞれ、風味に特徴のあるベリー類を組み合わせたのが特徴だ。

「ラズベリーは酸味、ストロベリーは甘酸っぱさと香り、ブルーベリーは甘みが特徴です。それぞれ単独ででも美味しいカクテルは作れるのですが、あえてそれらを組み合わせることで、より複雑で奥行のある味わいになり、個性豊かな面白いカクテルに仕上がります」(武田さん)

フレッシュのベリー類は、そのときの大きさ・甘さ・香りがちがう。そのたびに分量が変わってしまうため、レシピには何個と書けない。

「逆に、変わってしまうことを逆手に取って、オーダーに合わせて個性を大きく変えていけばいい。あるいは、その時々で変

東京・吉祥寺『BAR ALBA』武田 慎生

単独でも美味しいカクテルが作れるベリー3種を、あえて組み合わせて、より複雑で深みのある味わいのカクテルに仕上げます。

わるベリーの風味をカクテルに反映させて、旬の移り変わりを楽しむスタイルにもできます」(武田さん)

季節感を楽しむ日本料理では、「走り・旬・名残」と同じ素材でも時期による味わいの変化を楽しむ文化がある。そうした魅力もカクテルに取り入れて行ける。

「合わせるリキュールは、クレーム・ド・フルール・ルージュ・ビオ[左ページ写真]。イチゴ、ブルーベリー、ラズベリーにチェリーと4種が入る、ベリー感が強くて美味しいリキュールです。フランス・ジファール社のリキュールで、試してみて面白かったので使うようになりました。使用する砂糖やアルコールまでビオだという製品で、バーでカクテルに使われるためだけにつくられたといわれています」(武田さん)

ブレンダ―で回したら、混ざりやすいよう、グラスに入れたソーダの上から注ぎ入れるのも、独自のスタイル。

東京・赤坂『Bar Still』
小林康雄

menu:	モスコーミュール
price:	1,000円（税別）
recipe:	アブソルート・ウォッカ…30ml 自家製ジンジャー・シロップ…50ml ソーダ…50ml ライム…1/6個
process:	1　氷を入れたタンブラーに、アブソルート・ウォッカ、自家製ジンジャー・シロップを入れ、ライムを絞る。 2　ソーダを満たし、軽くステアする。

東京・赤坂『Bar Still』小林康雄

profile:
『バー・スティル』オーナー・バーテンダーの小林康雄さんは、銀座のバーで2年バーテンダー修業後、1990年に赤坂のバーに。そこで2年勤めた後、クラブのウェイティングバーで10年勤務し、2003年に34歳で独立。周囲の常連客のオーダーに応えるため、ウイスキーを中心に、シングルモルトやフルーツカクテルも用意する。

薄張りにロゴ入りの専用グラスを使い、店の看板カクテルに

生姜に、ハーブやスパイス、蜂蜜などを加え、煮出して刺々しさを抑えた自家製シロップを作成。フレッシュなモスコーミュールに仕上げました。

都内でも、古くから大人の町として賑わう東京・赤坂。戦後の進駐軍に始まり、大使館関係者や観光客など外国人も多かったため、銀座と並び高級歓楽街として知られ、バーも老舗、高級店や個性的な店が多い地域。

競合の激しい町で、2003年のオープン以来、周囲で働く常連客に支持されて人気を集めるのが、『バー・スティル』。オーナー・バーテンダー小林康雄さんが1人で切り盛りする店だ。

「以前、修業していた店のかたからの紹介で1990年から赤坂のバーに入り、その後、独立しました。お客様は前の店の時に来ていただいていたかたが多いので、お酒の種類も前の店の品揃えをベースに、シングルモルトやフレッシュ・フルーツを使ったカクテルを加えました」(小林さん)

その小林さんが、開業後に店の看板にしたいと工夫し、取り入れたのがモスコーミュールだ。グラスはキムラ・グラスの薄張りグラス。モスコーミュールを売り物にしたかったので、店のロゴを入れた。非常に薄く、冷たさが直接伝わる。

ハーブやスパイスを足し、地元産蜂蜜で特徴を出したジンジャー・シロップ

「洋書のカクテルブックを読んでいて、ホームメイドのジンジャービアを見つけたのがきっかけです。生姜に糖分を加え

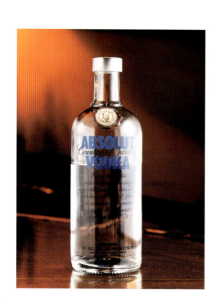

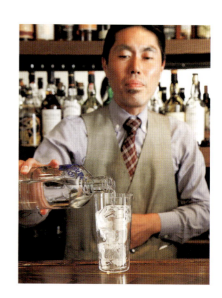

て発酵させたもので、休みの日にお母さんが作ってくれた、といったエピソードが載っていました。ジンジャービアを使うカクテルとしてモスコミュールがありますから、手作りできるなと思い取り組むことにしました」(小林さん)

モスコミュールは、ウォッカに生姜を漬け込んだり、生の生姜をすりおろしたりスライスして加えたりと、店によっていろいろと工夫をしているところが多い。つまり工夫しやすく手作り感も出せる。そこでオリジナルのカクテルとして打ち出せると思い、生姜のシロップを独自に作ってみたという。

「元のレシピからは、ハーブを変えたり、砂糖をザラメ糖にしたりといろいろ試しました。最終的に、生姜に、カルダモン、胡椒、シナモン、丁子、タイムといったスパイス類を加え、糖分として砂糖と蜂蜜を加え、煮出すことで刺々しさを感じさせない味わいに仕上げました」

特に蜂蜜は、赤坂のテレビ局屋上で蜜蜂を飼育して作っているもので、地元感も出せると使うようになった。

「ベースのウォッカは、アブソルート・ウォッカです。近年はプレミアム・ウォッカなども出ていますが、常連のお客様に気軽に来ていただきたいので、あまり値段を高くしたくない。原価なども考え、この銘柄を使っています」(小林さん)

同店のモスコミュールは、香りが高く生姜のフレッシュ感、ハーブの香り、胡椒の辛みが特徴。女性客なら、一杯目に出ることが多く、「お酒で体が冷える」という人にも喜ばれている。またジンジャー・シロップは、お客によっては「風邪気味だから」と、お湯割りでオーダーされることもあるという。

東京・赤坂『Bar Still』小林康雄

menu:	ヴェスパー
price:	1,400円（税別）
recipe:	ゴードン・ロンドン・ドライジン…60ml アブソルート・ウォッカ…20ml リレ・ブラン…10ml レモン・ピール
process:	1　シェーカーにゴードン・ロンドン・ドライジン、アブソルート・ウォッカとリレ・ブランを入れる。 2　氷を入れてシェイクする。 3　カクテル・グラスに注ぎ、レモン・ピールを絞りかけ、そのままグラスに沈める

東京・赤坂『Bar Still』小林康雄

information: 『Bar Still』
住所／東京都港区赤坂3-6-18　赤坂ニューロイヤルビル　アネックス2階
電話／03-3584-6606
URL／http://barstill.cocolog-nifty.com/
営業時間／12:00～14:00、18:00～翌2時（土曜日は23:30まで）
定休日／日曜日

ジンとウォッカ、それにリレ・ブランで作る強いカクテルなので、最後まで飲み飽きないよう、大きめのシェーカーでシェイクし、飲み口をよくします。

会話内容にちなんだ、映像に関係したカクテルを提案する

　東京・赤坂は、夜の町としての知名度は高いが、昼間はビジネス街としてサラリーマンたちで賑わいを見せる町。特に、テレビ放送局やその関係会社があることから、華やかなイメージも強い。

　「赤坂で働き始めて25年以上、独立してから10年以上になりますから、放送局関係のお客様にも常連様が多く、よくご利用していただいています」(『バー・スティル』オーナー・バーテンダー小林康雄さん)

　繁華街にあるとはいえ、ビル2階で地元で働く人たちを中心に支持を集めている店であるだけに、日ごろのお客とのコミュニケーション内容も映像関係の話題が自然と多くなると小林さんはいう。

　「特に、日々注意して話題を振っているというわけでもないのですが、どうしてもテレビ局が近いという場所柄、世間的にも話題を集める映画や映像、また話題の本などは、お客様同士の間でも関心の高いできごとになり、会話の中身も自然とそうしたものになってしまいます」

　と小林さん。そこで話題の内容によっては、映像に関係のあるカクテルを「こんなカクテルもありますよ」勧めることも多いという。そうした中の一つがヴェスパーだ。

アルコールの強いカクテルなので、元のレシピより30％抑えて作る

「ヴェスパー・マティーニとも呼ばれるカクテルです。あの『007カジノ・ロワイヤル』で登場するマティーニで、2006年に公開された映画の中でも出てきます」（小林さん）

ジンにウォッカをミックスし、ヴェルモットの代わりにキナ・リレを加え、ステアではなくシェイクするのが、元々のレシピだ。

「そのレシピより、ここではそれぞれ30％ほど分量を抑えて配合しています。元のレシピではジンが90mlです。アルコールが強いカクテルで、その量ではやはり日本人には多すぎますから」（小林さん）

また、キナ・リレの代わりにリレ・ブランを使用［左ページ写真右］。キナ・リレは苦みが特徴のリキュールだが、日本で流通できないキニーネが配合されているため。

「ベースのジンはゴードン・ロンドン・ドライジン［左ページ写真左］。原作でもゴードンを使うとありますが、私はこのカクテルではジュニパーベリーの香りが最後に一番残るのが好きで、ゴードンを使います」（小林さん）

ヴェスパーはシェイクして作る点も特徴。小林さんは、大ぶりのシェーカーを使う［写真下］。

「かなり強めのドライなカクテルですので、空気をたくさん含ませることで飲み口を良くし、最後まで飲み飽きないようにと、大ぶりのシェーカーでシェイクします」（小林さん）

東京・赤坂『Bar Still』小林康雄

東京・銀座『BAR EVITA.』
亀島延昌

menu:	テキサス・フィズ
price:	1,500円（税込）
recipe:	タンカレー・ロンドン・ドライジン…30ml オレンジ・ジュース…30ml レモン・ジュース…1tsp 和三盆…2tsp ソーダ…適量
process:	1　シェーカーにタンカレー・ロンドン・ドライジン、オレンジ・ジュース、レモン・ジュースと和三盆を入れ、軽く混ぜる。 2　氷とともにシェイクする。 3　漉し網を使ってアイスフレークを漉しながら、グラスに注ぐ。 4　ソーダで満たす。

東京・銀座『BAR EVITA』亀島 延昌

profile:
『バー・エヴィータ』オーナー・バーテンダーの亀島延昌さんは、紳士服販売を仕事を経てバーの世界へ。銀座『タリスカー』で修業後、新宿ほかのバーで計10年修業して2004年3月に独立オープン。豊富なオールドボトルに加え、スタンダード・カクテルから季節のフルーツ・カクテルでもてなす。BGMもアルゼンチン・タンゴと個性的。

お客とのコミュニケーションを大切に。アンティーク・グラスも使うカクテル

『バー・エヴィータ』は、東京・銀座は外堀通り沿いのビル9階で人気を集める店。

オーナー・バーテンダーの亀島延昌さんは、バーの世界に入る前は紳士服販売の仕事に就き、お客とのコミュニケーションの楽しさをおぼえ、カウンター越しにお客と会話をするバーの世界にも興味を持ったという。

「独立して自分の店を持ったときも、お客様との会話を大切にした店にしたいと思いました」（亀島さん）

そうした気遣いの表れの一つが、カウンター・バックのボトルの下に設置さかれたグラス棚だ。ここにはアンティーク・グラスが並ぶ。

「旅行先のニューヨークやロンドンで買い集めたものです。お客様の中にはアンティークに気がついて、それで話が弾むこともあります。高価なものも多いのですが、何とも言えない雰囲気があるので、『このグラスはこのシチュエーションで使いたい』と思い、実際に使っています」（亀島さん）

1杯目のスターターと考え、飲みやすさを追求したテキサス・フィズ

亀島さんが、夏などの暑い季節に、お客に勧めているのが、テキサス・フィズだ。

「ジン・フィズから派生したスタンダード・カクテルで、喉ごし良くさっぱりとした味わいが特徴です。アルコールも強くなく、

4回蒸留するすっきりした味わいのタンカレーをベースにして、オレンジ・ジュースと和三盆を合わせます。舌に当たらないようアイスフレークは漉し取ります。

東京・銀座『BAR EVITA』亀島 延昌

ジン・フィズでもやさしいのですが、オレンジが入ることでさらにやさしく飲みやすくなります」(亀島さん)

その飲みやすさから、亀島さんはこのカクテルを1杯目のスターターとしてベストと考え、カクテルを飲み慣れないお客にも勧めている。また反対に、酒の後の口の中をさっぱりとさせるので、他店で飲んで来店したお客には、最後の〆の一杯としても勧めている。

使うジンは、タンカレー・ロンドン・ドライジン[左ページ写真上]。

「タンカレーは4回蒸留してつくられていて、雑味がなくすっきりした味わいが特徴だと思います。そこでこのテキサス・フィズにはタンカレーを使っています。ちなみにベーシックなジン・フィズには、ボタニカルの個性が豊かなゴードンを使っています」(亀島さん)

シェーカーに、ジン、オレンジ・ジュースと、甘みとして和三盆を加え、シェイクする。

「オレンジ・ジュースは、前もって絞って漉しておいたものを使っています。その方が甘みが増し、作ったカクテルが飲みやすくなるからです」(亀島さん)

シェイクしたら、網で漉してグラスに注ぎ、ソーダで満たす。

「網で漉すのは、オレンジの果皮ではなくアイスフレークです。私はショート・カクテルに浮かぶアイスフレークは好きなのですが、ロング・カクテルのソーダの上に浮かぶアイスフレークは、最初に口に含んだとき舌に当たるので、あまり好きではありません。ソーダ感だけを感じてほしいので、シェイクの後は漉すようにしています[写真下右]」(亀島さん)

menu:	ダイキリ（オールドスタイル）
price:	1,600円（税込）
recipe:	ロン・サカパ23…40ml ライム・ジュース…15ml グレナデン・シロップ…1tsp 和三盆…1tsp
process:	1　シェーカーにロン・サカパ23、ライム・ジュース、グレナデン・シロップ、和三盆を入れて混ぜる。 2　氷とともにシェイクし、冷やしたカクテル・グラスに注ぐ。

東京・銀座『BAR EVITA.』亀島 延昌

information:　『BAR EVITA.』
住所／東京都中央区銀座8-4-24　藤井ビル9階
電話／03-3574-5571
URL／http://bar-evita.jp
営業時間／18:00〜翌2:00（祝日は23:00まで）
定休日／日曜日

お客の要望に幅広く対応するために、季節のノンアルコール・カクテルも用意

『エヴィータ』は、オールドボトルも数多く揃う。同店オーナー・バーテンダーの亀嶋延昌さんは修業時代、全国の酒屋を回ってオールドボトルを購入し、開業時には600本も持っていたという。

「ただし、当初からオールドボトルの店にしたいと考えているわけではありませんでした。店の個性をあまり絞り込まず、いろいろな方に来てもらいたい。だからお客様のリクエストになるべく広く応えるため、カクテルでも特徴を出して、バランスよくやりたいと思っています」(亀嶋さん)

カクテルでは季節感を活かしたいと考え、前出のテキサス・フィズのように、フルーツを使ったものにも力を入れる。またアルコールを飲めないお客のために、フルーツの甘さをそのまま活かした季節のノンアルコール・カクテルも複数用意する。

「私のフルーツ・カクテルは、リキュールを使わずに、できるだけその時期の素材の自然な甘みを活かしていきたいと思っています」(亀島さん)

その一方で、スタンダード・カクテルにもあらためて注目している。

「カクテルのことを考えると、スタンダードの凄さを感じます。ものによっては100年以上も前に考案されたカクテルもあるのに、長い年月を経てもお客様に変わらず支持されています。特に近年のミクソロジーように今までになかった技術が取り入れられて、年々、新しいカクテルが生まれている中で、スタンダード・カクテルがなぜ消えずに残ってきているのか不思議です」(亀島さん)

その亀島さんが、特に初めて来店したお客によくお勧めしているのが、スタンダード・カクテルの一つ、ダイキリだ。

戦後、一部バーテンダーの間で知られた"幻"のダイキリを紹介する

ダイキリは、白いカクテルと知られているから、「白か茶色か」とうかがって作ります。私はホワイト・ラムに代えてダーク・ラムで作ります。

ダイキリといって一般的にイメージするのは、ホワイト・ラムにライム・ジュースと甘みを加えた、白いカクテルだ。

「ところが、実は赤いダイキリもありました。ホワイト・ラムにグレナデン・シロップを加えて作るダイキリです。戦後のアメリカ

軍の将校たちが利用するバーでは、赤いダイキリが主流だったということを聞いています。だから、戦後にアメリカ進駐軍関係のバーで働いたことのある、ベテランのバーテンダーのかたは赤いダイキリを知っていたそうです。しかし、IBAがレシピ統一を行ったときに、ホワイト・ダイキリが定番となったといわれています」（亀島さん）

それを亀島さんが知ったのは、修業時代の店でだ。

「修業していた店で、先輩がたがこのダイキリを試しに作ったことがありました。そのとき、古くからバーテンダーをされてきた大先輩のかたがたまたまいて、『そんな古いダイキリを、よく知ってるな』と懐かしがり、感心されていたことを覚えています。アメリカ軍のバーにいたバーテンダーのかたは、きっと銀座でも、このダイキリを作ってお客様に出していたのだと思います」（亀島さん）

ダイキリは、スタンダードの中でも比較的知られたカクテルだ。しかしベテランの、しかもアメリカ軍関係のバーで働いていたバーテンダーにしか知られていないダイキリとなると、お客の興味も沸く。

「そこで、初めてダイキリをオーダーされたお客様には、『白と茶色がありますが、どちらになさいますか』と聞くようにています。初めてのお客様は、間違いなくダイキリは白だと思っていますので、『茶色って何ですか？』と驚かれるかたがほとんどです」（亀島さん）

亀島さんが作るダイキリが赤ではなく茶色になるのは、ホワイト・ラムではなくダーク・ラムを使うため。

「ベースのラムには、ダーク・ラムのロン・サカパ23を使っています［左ページ写真上］。グアテマラでつくっているプレミアム・ラムで、以前、蒸溜所を見学したり工場内の人と飲み会に行ったりして詳しい話を聞き、ぜひ使いたいと思っていたからです」（亀島さん）

それに加えるグレナデン・シロップは、季節でフレッシュのものを使用。また甘みとしては和三盆を使う［左ページ写真下］。

「砂糖で味わいを甘くはしたくないからです。酸味を丸くするためだけに用いる砂糖なので、甘みのやさしい和三盆を使っています。それにシュガーパウダーだと、溶けきれない場合がありますので」（亀島さん）

完成したダイキリは、意外と甘くなく、アンズのようで白いダイキリとは味わいも別物だ。

東京・銀座『BAR EVITA』亀島 延昌

大阪・豊崎『CENDRILLON（サンドリオン）』
新井 寿龍

menu:	**キャロル**
price:	1,300円（税込）
recipe:	レミー・マルタンVSOP…2/3 マルティニ・ロッソ…1/3 マラスキーノ・チェリー
process:	1　ミキシング・グラスに、氷、コニャックとマルティニ・ロッソを入れる。 2　やや長めにステアして、グラスに注ぐ。 3　マラスキーノ・チェリーを飾る。

大阪・北区『CENDRILLON』新井 寿龍

profile:

『サンドリオン』オーナー・バーテンダーの新井寿龍さんは、大阪出身。ホテルでバーテンダーの道に入り、4年ほど勤めた後に退社。1993年に『サンドリオン』にオープンと同時に店長として入店。2001年には店を買い取って独立して現在に至る。地下鉄中津駅から徒歩5分ほどだが、多くのお客は梅田から15分ほどかけてわざわざ来ることが多いという。マンハッタンが人気。

遠方から徒歩で来店する常連客のため、原点回帰をテーマにしたカクテルを

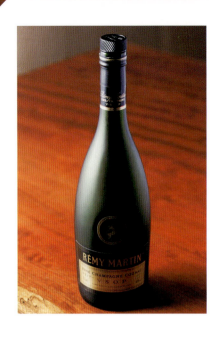

『サンドリオン』は、大阪・キタの幹線道路の新御堂筋を、梅田方面から淀川方面に進んだ左手角の地下にある。梅田の喧騒から遠く離れた場所に1993年に開業した同店。実は本来、店の裏手に最寄りの中津駅があり、そこからはわずか徒歩5分弱。しかしそれでも、地下鉄を使わず、わざわざ遠方の梅田駅から15分ほど歩いてやって来るお客の方が多いという、不思議な魅力のバーである。

同店のオーナー・バーテンダーは、新井寿龍さん。93年に店長として店に入り、8年後の2001年に店を買い取って、現在、営業を続けている。

「場所柄、店のことをご存じの常連客の方がほとんどですが、お客様は遠くからわざわざやって来て下さいます。なので、来られたお客様のお顔を見て、今日は何を求めて来られたのかを考えています」

と新井さん。その新井さんが最近、カクテルでテーマにしているのが原点回帰だ。

「いつも来られる方は、飲み慣れたいつもの一杯から始めることがほとんどです。それでも二杯目、三杯目のドリンクとなると、『たまには違ったものを何か』という流れになります。そこで私の方からご提案するカクテルとして、かつてカクテルが盛んだった時代に飲まれていたものをテーマにしたドリンクを、ご用意しています」（新井さん）

昔はよく飲まれていたカクテルでも、時代が下っていろいろなカクテルが登場するに従い、埋もれて忘れ去られたようなカクテルもある。新井さんは、そうしたカクテルに再び焦点を当てて飲んでもらいたいという。

「たとえばウイスキーのように、現在流通している酒でも時代とともに味や成分は変わってきていて、昔とは味わいが違うものもあります。それに新しい銘柄もいろいろ登場しています。副材料も変わってきていれば、グラスの形状も変わってきています。昔と全く同じスタイルで、というわけにはいかなくなったのですが、今飲んで『こんなカクテルがあったのか』とあらためて気付かされるような美味しいものがあることを知っていただきたいと思っています」（新井さん）

新井さんが注目するカクテルの一つが、キャロルだ。

スイート・ヴェルモットを少し多めに、ステアを長めにして、ブランデーとの味わいを調和させ、飲みやすくします。

カクテルのベースとしては、比較的使いやすいレミー・マルタンを選択

「ウイスキーの注目度は高いのですが、ブランデーは今でも高価なイメージからか、口にする人はあまり多くない酒。このため、ウイスキーとスイート・ヴェルモットで作るマンハッタンはよく知られているのですが、ウイスキーをブランデーに代えて作るキャロルは、埋もれてしまったカクテルといえるでしょう」（新井さん）

実は、『サンドリオン』はマンハッタンでも評判が高い店で、オーダーも多い。しかし新井さんは、メジャーなカクテルではなく、その陰に隠れて忘れられているカクテルにも、あえて光を当てたいという。

「ベースにしているのは、レミー・マルタンVSOPです。ブランデーの中では最もよく知られていて、比較的クセが少なくて飲みやすい。カクテルのベースとしても、扱いやすいからです」（新井さん）

キャロルを作る際は、新井さんはスイート・ヴェルモットを少し多めに入れて甘みを強調。さらに、ステアをやや長めにして飲みやすくする。

「レミー・マルタンは飲みやすい銘柄とはいえ、そもそもブランデー自体が個性の強い酒です。そこで、マルティニ・ロッソの配合を少し多めにし、長めのステアにすることで、味わいのバランスを取るようにします。甘くてすっと飲める味わいに仕上げています」（新井さん）

――大阪・北区『CENDRILLON』新井 寿龍

menu:	**バイオレット・フィズ**
price:	1,000円（税込）
recipe:	パルフェ・タムール…45ml レモン・ジュース…15ml カリブ・シロップ…1tsp ソーダ…適量 レモン・スライス マラスキーノ・チェリー
process:	1　シェーカーにパルフェ・タムールを注ぎ、レモン・ジュースとシロップを加える。 2　氷を入れ、シェイクする。 3　氷を入れたタンブラーに注ぎ、ソーダを満たす。 　　レモン・スライスとマラスキーノ・チェリーを飾る。

大阪・北区『CENDRILLON』新井 寿龍

information:	『CENDRILLON』 住所／大阪府大阪市北区豊崎5-2-18　S&S北梅田地下1階 電話／06-6376-0077 URL／http://ameblo.jp/barcendrillon/ 営業時間／19:00〜翌2:00 定休日／日曜日・祝日

スミレの甘い香りのカクテルは、香りに影響されないよう甘さが控えめなリキュールを使い、ハード・シェイクでまろやかに仕上げるようにします。

ジン・トニックの陰で注文の少ない、フィズ系カクテルにも注目

　大阪・キタの繁華街から離れた場所で、わざわざやって来る固定客を掴んでいる『サンドリオン』。オーナー・バーテンダーは新井寿龍さんだ。

　先に述べたように、オリジナル・カクテルやフルーツ・カクテルなどが注目されがちな中、新井さんはそうした流れに埋もれてしまった古いカクテルも紹介することで、常連客に喜ばれている。

　「私の店では、一杯目のドリンクとして、炭酸系のカクテルでジン・トニックをオーダーされる方は、割と多くいらっしゃいます。ところが同じ炭酸を使うカクテルでも、フィズを注文する人はあまり多くない。そこで、フィズ系のカクテルも勧めています」（新井さん）

　ジンのすっきりした風味にトニック・ウォーターの爽やかな甘みが加わり、店によってライムを絞るなどして爽やかな香りも楽しませるジン・トニック。日頃はカクテルを口にしないお客でも、特に夏場などにはビール代わりとしてジン・トニックを注文することが多くなる。だがその一方で、同じジンのカクテルでもジン・フィズは、確かにあまりオーダーされないカクテルの印象がある。

　そこで新井さんは、時代的に古いカクテルだけではなく、フィ

ズのようなカクテルも"時流に取り残され、埋もれてしまった"カクテルの一つとして注目し、積極的に勧めるようにしている。
「ジン・フィズの魅力は、レモンの酸味と爽やかな喉ごしが楽しめる点で、夏場にも楽しませやすい一杯です。また、ベースの酒にジンではなく、他のスピリッツやリキュールを用いることもできて、さまざまな個性のカクテルとして提案ができる便利さもあります」（新井さん）

いくつかのメーカーの中から、フランス産のパルフェ・タムールを選択

　そこで、新井さんが店でフィズ系カクテルとして提案しているのが、バイオレット・フィズだ。スミレの花の華やかな香りが特徴のカクテルで、カクテル名通り、色は落ち着いた上品な紫色。
「フィズは、シェイクしてタンブラーに注ぎ、ソーダを満たす。飲んだ瞬間のシュワっとした感覚がフィズの特徴です。この爽快感と共に、スミレの花の香りが鼻から抜け、フィズ系では定番のカクテルなのですが、女性に喜ばれる一杯に仕上がります」（新井さん）
　新井さんがベースに使うのは、フランス・パジェ社のリキュール、パルフェ・タムールだ［左ページ写真］。
「パルフェ・タムールは、フランス産、オランダ産など、同名でいくつかのメーカーのものが、今日、日本に入ってきています。スミレの香りをベースにして、バニラ香を足したものや、レモン香を足したものなど、各社でいろいろと個性が違います。中でも私がパジェ社のものを使っているのは、甘ったるさが少なく、華やかで、上品な淡い色合いが気に入っているからです。香りも甘みが同じくらいに強いものだと、飲んだときに香りに引きずられて、思った以上に甘いと感じてしまうものです」（新井さん）
　甘みとして、カリブ・シロップも加えるが、レモン・ジュースの酸味で、爽やかに仕上げる。
「このカクテルでは、ハード・シェイクして、味をまろやかに仕上げるのもポイントです。グラスに浮いた氷片が、時間とともに溶けて薄まっていくのですが、それはベースのパルフェ・タムールの量を、少し多く配合することで調整するようにしています」（新井さん）

大阪・北区『CENDRILLON』新井 寿龍

Specialized Bar

専門バーの
カクテル・スタイル

ある酒に特化し、その中で銘柄を数多く揃え、
専門店ならではの楽しみ方を提案するバーの、
カクテルとその考え方・スタイルを紹介。

ジン
gin

大阪・堂島『BAR JUNIPER』
バージュニパー
髙橋 理

menu:	**アレクサンダー**
price:	1,500円（税別）
recipe:	ボルス・バレルエイジド・ジュネヴァ…30ml コーヒー・リキュール…10ml 生クリーム…20ml カファレル・チョコレート・クリーム…15g ビターチョコ…適量
process:	1　カファレル・チョコレート・クリームは、温めて柔らかくしておく。 2　ジェーカーに、ボルス・バレルエイジド・ジュネヴァ、コーヒー・リキュール、生クリームを入れ、「1」のチョコレート・クリームを加える。 3　泡立て器で、チョコレート・クリームを完全に溶かす。 4　氷とともにてシェイクする。 5　グラスに注ぎ、ビターチョコを削りかける。

大阪・堂島『BAR JUNIPER』髙橋 理

profile:
髙橋 理さんはホテルに就職後、心斎橋の人気バー「オールドコース」でウイスキーやカクテルの経験を積む。退職後は2011年の『バー・ジュニパー』開業を機に、店長兼バーテンダーとして入社。店は、世界中から揃えた300銘柄以上のジンが売り物の、珍しいスタイルでも話題を集める。ジン専門のバーとして、髙橋さんはさまざまな楽しみ方を提案する。

ジン
gin

2000年代から、新しい味わいの登場で ジンが注目の酒として話題に

『バー・ジュニパー』は、2011年にオープン。その名で連想できる通り、ジンをメインにした店だ。

ジンが売られていた17世紀のヨーロッパの薬種店の中をイメージしたという店内は、非常に独特だ。バックバーにボトルが並ぶのではなく、薬種棚を模したつくりなのが特徴で、その引き出しの中にジンが入っている。これも、元々ジンは解熱・利尿作用のある薬草酒が原点の酒ということを踏まえての店づくりである。

ジンは300銘柄以上を揃え、ジン好きが集まる店として話題を集めている。同店は、「エリクシールK」（204ページで紹介）の2号店として開業。「エリクシールK」が薬草系リキュールの店だけに、その2号店である『バー・ジュニパー』も同じ薬酒の一種、ジンをメインにした店として開業した。

ストレートでも、カクテルのベースとしても使われるジン。その酒としての魅力を同店店長でバーテンダーの髙橋 理さんが解説する。

「ジンは、ジュニパーベリーをはじめとするボタニカルで風味づけされたスピリッツの一種。スピリッツの原材料に規定はなく、ボタニカルの種類・配合と風味の出し方で個性を出します。つまりジンの魅力は、発酵・熟成などの自然の力に頼らず、人の手によって個性をつくる酒といえるでしょう。それだけに、つくり手の想いが詰め込める酒です。しかも、ラムやテキーラのように強烈な個性はないため、カクテルにも、食前酒にも食後の酒にもと幅広く対応できます」（髙橋さん）

世界的に見ると、EUが最も消費量が多く、生産地としてはイギリス、オランダ、ドイツのほか、アメリカやスペインなどがあげられる。珍しいところではアフリカにも、近年では日本でもジンがつくられるようになっている。

「注目はスペインでしょう。オリーブの葉を使ったものなど、個性的なジンがつくられています」（髙橋さん）

そのジンが、近年、世界的にも注目されている。きっかけは、1990年代に発表された「ボンベイ・サファイア」だろう。個性豊かで今までにない斬新なイメージのプレミアム・ジンが登場し始めた。

「そしてユニークなジンが特に増え出したのが、2000年代。

タンカレーNo.10の発売がきっかけでしょう。その前から、限定品として少しずつ出されてはいましたが。小さなつくり手や、中にはウイスキー・メーカーからも、クラフト・ジンとして品質の高い個性的な味わいのジンが出されるようになりました」（髙橋さん）

ジンの起源は11世紀とも17世紀ともいわれ、古い酒のイメージが強いが、2000年に入って新しいイメージの酒として見直されている。

本来、ジン・ベースのアレクサンダーを、現代的なレシピでツイストした

その新しい酒のイメージに合わせて、髙橋さんが勧めるのが、現代的にツイストしたアレクサンダーだ。

「日本では、なぜかブランデー・ベースのカクテルとしての方が知名度は高いのですが、本来はジン・ベースのクラシックなカクテル。そこで、原点に一番近いかたちのカクテルにアレンジを加えました」（髙橋さん）

従来のブランデー＋カカオ・リキュール＋生クリームというレシピを、ジン＋コーヒー・リキュール＋チョコレート・クリーム＋生クリームに変えた。チョコレート・クリームが溶けにくいので、材料を合わせたら泡立て器で攪拌してから[左ページ写真下]、シェイクする。

このカクテルをジンで作る場合、本来はロンドン・ドライ・ジンを用いるところを、少しひねってジュネバ・ジンを使ったと髙橋さん。中でも、チョコレートの風味を使うに当たって、ナッツやカカオのニュアンスのものを使った。それと同じ傾向の香りを持つジンとして使ったのが、ボルス・バレルエイジド・ジュネヴァ[左ページ写真上]だ。

「ジンの原酒をオーク樽で18カ月寝かせたもので、ウッディーでスパイシー、バニラ香もあります。ボルスは元はリキュールメーカーで、ジュネヴァをきかせた独特な香りのものもつくっています」（髙橋さん）

さらにコーヒー・リキュールを足したのは、甘みで味がボケるから[左ページ写真中]。コーヒーの苦みを足すことで、味を締めた。

「本来のレシピと同様に、配合を変えて甘みを強調したらプリンセス・メアリーにもできます」（髙橋さん）

チョコレート・クリームと同じ、ナッツやカカオのニュアンスのジンを選択。全体の風味のまとまりを良くし、コーヒー・リキュールで味を締めます。

大阪・堂島『BAR JUNIPER』髙橋 理

103

ジン
gin

menu:	ジン・スリング
price:	1,500円（税別）
recipe:	モンキー47 ドライ・ジン…40ml 自家製キナ・ビター…2dsh 和三盆…1tsp 緑茶…10g お湯…40ml レモンの葉…適量 レモン・スライス…1枚 羊羹…適量
process:	1　緑茶に55℃のお湯を少々加えて、1〜2分蒸らしておく。残りのお湯は取っておく。 2　蒸らしたお湯は捨て、茶葉にモンキー47ドライ・ジンを加え、茶葉を漉し取ってミキシング・グラスに注ぐ。 3　残りのお湯を加え、自家製キナビター、和三盆を入れ、氷を入れて静かにステアする。 4　氷を入れたグラスに注ぎ、羊羹を添え、レモンの葉、レモン・スライスを飾る

大阪・堂島『BAR JUNIPER』髙橋 理

information:	『BAR JUNIPER』 住所／大阪府大阪市北区堂島1-4-4　NJビル1階 電話／06-6348-0414 URL／http://bar.elixir-k.com 営業時間／17:00〜翌3:00（L.O.翌2:30。日曜日・祝日は24:00まで、L.O.23:30） 定休日／第1火曜日

ジン gin

強い個性で注目のクラフト・ジンを使い、新しい印象のジン・スリングを

ジンに含まれる非常に個性的な香りを強調したジン・スリングを作るために、緑茶、和三盆とキナ・ビターを組み合わせ、外国人にも喜ばれる一杯に。

バーで最も多く扱われるスピリッツの一つ、ジン。知名度も、圧倒的に高い。

「日本でも、ジンはスピリッツの中でも多くの人が口にしていると思います。例えばカクテルでは、ジン・トニックがその代表です。またそれ以外でも、マティーニのベースの酒として多くの人が知っています。ラムやテキーラでも、使われているカクテルまで、はっきりと知られていないのではないでしょうか」（『バー・ジュニパー』髙橋 理さん）

同店でも、お客はジンを求めて来るという。

「せっかくジンを専門に揃えた店に来ていただいたので、いつもとは違う楽しみ方をご提案しています。例えばジン・トニックなら、いつものジンとは違う銘柄で作ったり。個性がはっきりしているのでストレートとロックでお出しして、飲み比べをしていただいたりもします」（髙橋さん）

かつては、バーでもジンは有名どころだけを揃える店も多かったが、プレミアム・ジンやクラフト・ジンが注目を浴びているように、強い個性を売り物にしたジンが、しかも全く新しい銘柄が次から次へと登場している。ジンはカクテルで、ロックで飲み比べが楽しめる酒になっている。

「モンキー47ドライ・ジン［写真下］もそうしたジンの一つです。このジンは、ドイツ・シュバルツバルトで生産されています。47のボタニカルを使い、アルコールも47度。ガラス製のフラスコで3カ月熟成させているのも特徴です。つくられ出したのは2006年からで、2011年に入ってきました。そのままで飲んでも非常に個性的で美味しいジンです」（髙橋さん）

そのモンキー47ドライ・ジンを使った、オリジナルのジン・スリングを髙橋さんに紹介していただいた。

使用したジンに含まれるオリエンタルな香りに合わせて、緑茶で和の印象に

「ジン・スリングは、1800年前半にロンドンで人気を得たカクテルといわれています。日本には、水割りに少し砂糖を加え、パンチのような感じに近いカクテルとして紹介されました。しかし古いレシピでは、薬草を加えたり、フルーツを漬け込んだり、

大阪・堂島『BAR JUNIPER』髙橋 理

　ジャムを入れたりしたそうです。また、ジン・ベースのピムスNo.1は、ジン・スリングを作るためのリキュールと言われています。そこでこれをイメージしたものを日本風にツイストしてみました」（髙橋さん）

　あえて日本風に変化させたのは、モンキー47ドライ・ジンの個性に合わせてのことと髙橋さん。

　「このジンには、ボタニカルの種類と配合により、花、フルーツ、薬草の香りの中に、オリエンタルな香りが隠れていますように思います。そこでその香りを強調しようと考え、和の印象を意識して使いました。和の素材としては、日本茶を使いました。和のジン・スリングです」（髙橋さん）

　作り方は、茶葉をいったん蒸らし［上写真左］、そのお湯を捨てて緑茶の茶葉にジンを加え少し置く［上写真中上］。自家製キナ・ビター、和三盆を入れた［写真中下］ミキシング・グラスに、茶漉して茶葉を漉し取ってミキシング・グラスにジンを入れ［写真上右］、ステアするという具合だ。

　「砂糖として和三盆を使うのは、溶けが良く甘みが自然だから。あとはレモンの葉とスライスをのせ、緑茶に合わせて羊羹を添えます」（髙橋さん）

　大阪の夜の町を代表する場所だけに、外国からのお客も来店する同店。日本らしいものの注文があるので、髙橋さんはそうしたお客にこのカクテルをお勧めしているという。

ジン
gin

京都・先斗町『京町家BAR C&D先斗』
山添直樹

menu:	マティーニ
price:	1,000円（税別）
recipe:	ゴードン・ロンドン・ドライジン…55ml ボルス・ジュネヴァ…5ml ドラン・シャンベリー・ドライ・ヴェルモット…15ml オリーブ…1粒
process:	1　ミキシング・グラスに氷とミネラルウォーターを入れ、軽くステアしてからミネラルウォーターを捨てる。 2　シェーカーにジン2種、ドライ・ベルモットを入れシェイクする。 3　「1」に「2」を入れ、しっかりステアする。 4　ショートグラスに注ぎ、オリーブを別グラスで添える。

京都・先斗町『京町家BAR C&D先斗』山添直樹

profile:
大学生の頃、通っていたバーのマスターの佇まい、店の雰囲気に憧れて、学校卒業後、複数の飲食業態を持つ有限会社シーアンドディーへ入社。ウィスキーバーに1年半勤めた後、2013年1月より現在の店を任される。ジン100種類を揃える同店で、お客の日常に寄り添う店をモットーに、ジンの初心者にも常連客にも喜ばれている。

ジン gin

味わいが多彩で、価格もお手頃。飲み手の幅を広げるジン専門店

　ジンだけで100種以上あるジン専門のバー『京町家BAR C&D』。オーナー・バーテンダーの山添直樹さんは若干31歳。時間を見つけては、レシピの開発に取り組んでいる。

　「ジンの専門店といっても、ジンを目当てに来る方は意外と多くはありません。このため、普通のバーとして来店いただく方に、ジンの魅力を知っていただきたいと考えています。それに、専門店として店を構えていますが、必ずしもジン好きのコアな層をメインに狙っているのではなく、お客様の誰にとってもジンが当たり前の存在になってほしいという想いが強いです」（山添さん）

　場所は、鴨川と木屋町通の間にある花街・先斗町。酒の店や日本料理店が立ち並び、芸妓・舞妓の姿を見かけることも少なくない京都の観光名所の一つだ。お客の7割にあたる常連客は、出張時に来る人や京都が好きで何度も旅行に訪れる人など。他府県から来る人が多く、また京都観光に来る外国人も。幅広い客層は、この立地ならではと言える。

　「常連のお客様であっても、場所柄かジンの銘柄に詳しい人はあまりいません。メニュー表にはジンの銘柄ごとの特徴を書いていますが、オーダー時に銘柄を指定される方は少ないので、一般的なバーと同様、どういった味が好きか、会話して掘り下げていきます」（山添さん）

　ジュニパーベリーで香りづけした蒸溜酒＝ジンと、定義の幅が広い分、味わいも多種多様。選択肢が多く、飲み方は無限にあるからこそ、ジンは面白いと山添さんは言う。

　「レシピを考える際、私はゴードン・ロンドン・ドライジンをベースに考えます。骨太でどっしりとした存在感があるため、他の素材を足してもジンらしさが失われにくいためです。少し軽い飲み口にしたいときは、ビーフイーター、キレがほしいときはタンカレーを使います」（山添さん）

　バーテンダーとしてのポリシーは、お客のオーダーに対して明確な答えを持つこと。

　「お客様のリクエストに対して、私が出した答えが100点かどうかは正直わからない。でも、曖昧な気持ちでは作りたくないんです。はっきりとしたゴールを自分の中に掲げてカクテルを作っています」（山添さん）

ジンに苦手意識がある人にも飲んでほしいから、微細な泡で口当たりをなめらかに。ドライマティーニと真逆の味わいを目指しています。

── 京都・先斗町『京町家BAR C&D先斗』山添直樹

ドライシェイクで口当たりをなめらかに。
マイルドな甘さを目指す

　山添さんが作るマティーニは、40度のゴードン・ロンドン・ドライジンをベースにボルス・ジュネヴァ［左ページ写真］、ドラン・シャンベリー・ドライ・ヴェルモットを加えている。

　「マティーニはドライマティーニが主流になっていると感じています。でもそれは玄人向けの味だと僕は思っています。そこで、ジンの薬草っぽさを苦手と感じる層でも、飲みやすいと思ってもらえるレシピを考えました。ゴードンは鋭角なキレがあるわけではないので、これをベースにしました」（山添さん）

　ゴードンに、アクセントとして加えたのが、ボルス・ジュネヴァだ。

　「ジンの元祖ともいえるこのジンは、大麦の香りが豊かです。アクセントとしてわずか5ml入れるだけでも、後口に穀物香が立ち上がって来ますので、理想とするマイルドなマティーニに合致しています。そしてハーブが香るヴェルモットは、15ml使います。ドライマティーニと比べると多めです。ドライとは真逆の味を目指していますし、少し多く入れた方がよりカクテルっぽい飲みやすさになります」（山添さん）

　山添さんのマティーニのもう一つの特徴が、ドライシェイク。ステアの前に、氷を入れずにシェイクすることで、液体にまんべんなく気泡ができる。これでハードなマティーニとはひと味違う、口当たりやわらかなマティーニとなった。

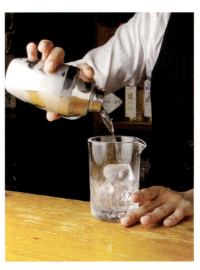

ジン
gin

menu:	**オリジナル・ジン・トニック**
price:	800〜1,200円（使用するジンにより価格は変動。税別）
recipe:	ビーフイーター・ジン40度…35ml 自家製ジン・シロップ…5ml トニック・ウォーター…80ml ソーダ…30ml ライム…適量 ライム・ピール ● ● ● ※自家製ジンシロップ ビーフイーターにレモンピール、レモンの薄皮、オレンジピール、レモングラス、コブミカン、きゅうり、カルダモン、クローブを漬け、シュガーシロップと合わせたもの
process:	1　コリンズ・グラスに円柱型の氷を入れ、軽くステアしグラスを冷やす。 2　氷をはずし、ジン、シロップを入れ、ライムを絞り、軽くステアする。 3　比重の軽いソーダを先に入れ、次にトニック・ウォーターを静かに注ぎ、ゆっくり1回転ステアする。 4　氷を沈め、ライム・ピールを絞る。

京都・先斗町『京町家BAR C&D先斗』山添直樹

information:	『京町家BAR C&D先斗』 住所／京都府京都市中京区先斗町三条下ル 古都会館2階 電話／075-252-5599 URL／http://c-and-d.net/bar_ponto/ 営業時間／17:00〜翌3:00 定休日／無休

ジン gin

小規模生産のクラフト・ジンが増加中。京都に国内初のジン蒸溜所がオープン

　カクテル・ベースとして広まったジン。香りづけにフルーツ、ハーブ、スパイスなどバラエティに富んだものが使われ、味わいが多様な点に可能性を感じると山添直樹さん(『京町家BAR C&D』オーナー・バーテンダ)。

「約100種のジンの銘柄を取り揃えるほか、インフュージョンのジンもたくさん作っています。ジンは元々、多彩な副材料で作られているからこそ、どんな素材とも相性がいい。コーヒー豆、鷹の爪、生姜などはクセのないビーフイーターに漬け、素材の香りを出しています。もともとジュニパーベリーの香りが強いヴィクトリアンバットにジュニパーベリーを漬け込み、香りを強めたものもあります。ジンは多いものだと20〜40種以上の副材料を使っているものがあります。だから飲んでみても、何を使っているのかを言い当てるのは難しい。でもジンに1つの副材料を漬け込んだものは、味が明確。既存のジンに個性がはっきりした自家製ジンを加えることで、ジンの面白さを訴求しています」(山添さん)

　クラフト・ビール、ビオ・ワインが注目を浴びて久しいが、ジンも今、小規模生産の銘柄が増えている。

「ここ2年くらい、ジンの本場であるイギリスやアメリカで、クラフト・ジンと呼ばれる小規模生産のジンが増えています。特にイギリスは今、最大のジンブームらしく、どんどん新しいクラフト・ジンが生まれていて、日本でも流通しています。ジンの銘柄はすでに世界中に数えきれないほどあるので、多くの人がイメージする"これぞジン"という味とは違う個性的なもので勝負する生産者が多いようですね。ジンのベースは穀物から作ら

れていると考える人もいますが、クラフト・ジンのなかにはブドウ・ベースのものもある。ジンの定義の基本であるジュニパーベリーの香りはほぼなくオレンジやシナモンをきかせているものもありますし、蒸溜所に熟成させているものも。今まで以上に多彩なジンが誕生しています。さらに京都に国内初のジン専門の蒸溜所ができました。2016年の夏か秋頃には飲めるようになるそうです。日本ではまだジンブームはきていませんが、この京都蒸溜所の誕生はジン専門店としては追い風になると感じています」（山添さん）

京都・先斗町『京町家BAR C&D先斗』山添直樹

香りが華やかで甘みもある自家製のジン・シロップで定番ビーフイーターに個性をプラス。きつめの炭酸で、すっきりした飲み口に仕上げています。

8種の副材料で香りづけした自家製ジン・シロップで、華やかな香りに

　ジンをトニック・ウォーターで割るだけのシンプルなジン・トニック。ジンの種類が100種以上ある同店では、どのジンを使うかによって大きく味わいが変わる。

　「ジン・トニックはオーダーが多いので、基本的には苦みがあるのが好きか、炭酸は強い方がいいかなどを聞いて、お客様のお好みに合ったものを作ります」（山添さん）

　数あるジン・トニックのレシピの中から、ニーズが多い、炭酸が強めですっきり飲めるタイプのレシピを教えてもらった。

　「ジン・トニックという名の通り、ジンにトニック・ウォーターを加えるのが一般的ですが、より炭酸を強く感じてもらうために、ソーダも使います。温度差があると炭酸が飛んでしまうので、グラスは円柱型の氷を使って最初にしっかり冷やします[写真上]。そのあと、いったん氷をはずすのもポイント。氷を最後に入れることで炭酸が抜けにくくなります。作る工程でもソーダはかなりゆっくり注ぎます。理想をいえばまったく泡が立たないくらい。そうすることで炭酸が長持ちします」（山添さん）

　一番の特徴は、自家製ジン・シロップ[左ページ写真下]。ビーフイーターにレモンピール、レモンの薄皮、オレンジピール、レモングラス、コブミカン、きゅうり、カルダモン、クローブを別々に漬けた後で配合し、シュガーシロップと混ぜる。

　「いろいろな副材料を使ってエキスを出すと、ジンの香りが増幅させられます。レモンやオレンジのピール、ハーブ類は、元々ジンの副材料としてボタニカルに使われていますので相性がいい。レモンの薄皮はレモンの香りがありつつ苦みも出るので、面白い素材ですね」（山添さん）

ウオッカ
vodka

京都・先斗町『ВОДКА БАР НАКАНИСИ』
中西 眞一郎

menu:	ミリオン・ローズ
price:	1200円（税別）
recipe:	ロシアン・スタンダード…2/3 マスネ・ウォッカ・ア・ラ・ローズ…1/3 ヴァンパイア・ウォッカ…1tsp
process:	1　氷を入れたミキシング・グラスにロシアン・スタンダード、マネス・ウォッカ・ア・ラ・ローズ、ヴァンパイア・ウォッカを注ぐ。 2　静かにステア、グラスに注ぐ。

京都・先斗町『ВОДКА БАР НАКАНИСИ』中西 眞一郎

Profile:
オーナー・バーテンダーの中西眞一郎さんは、1972年開業の京都のロシア料理店「キエフ」で25年勤務。バー部門でウォッカにも精通していたことから、2001年の独立に際してウォッカ専門店『ウォッカバー・ナカニシ』を開業。店には他では見られない貴重なウォッカや各種フレーバード・ウォッカ、記念ボトルを含め約300銘柄。ストックを含めると、500銘柄のウォッカを揃える。

ウオッカ
vodka

意外と知られていないウォッカの魅力を伝え、もっと親しんでもらう

　一般的には無色透明で無味無臭のため、カクテルのベースとして非常に重宝されるウォッカ。バーでも馴染みの酒だが、その特徴からあまりたくさん揃える店は少ない。ところが、そのウォッカを専門に揃えたバーがある。京都・先斗町の『ウオッカバー・ナカニシ』だ。

　2001年に開業した同店は、京都市内にあるロシア料理店で勤めた中西眞一郎さんがオーナー・バーテンダーとして独立してつくった店。店にあるだけで300種類、ストックまで含めると500種類ものウォッカを揃えている。

　「昔から身近かな酒として知られていますが、実は意外と知識が少ない、知らないことが多いのも、ウォッカです。店に来られた方に説明すると、『初めて知った』『イメージが変わった』と驚かれるかたはたくさんいらっしゃいます」

　と中西さん。例えば銘柄数について。

　「ウォッカは、全世界で1万銘柄ほどあるといわれています。その中で、日本に入ってきているのは1000種類くらいではないでしょうか。輸入されてもなかなか売れないものは、すぐに酒屋の棚から消えてしまいます。このため、国内で安定していつでも購入できるのは、200～300種くらいです」（中西さん）

　普段目にする印象とはまさに桁違いの数で、こうした数にも驚きを感じる人は多い。また生産地は、ロシア、ウクライナなどの旧ソ連諸国、ポーランド、北欧諸国など。

　「品質ではロシア製が世界をリードしています。またフランスでは、小麦やブドウを使った超高級ウォッカがつくられていて、日本でもバーをはじめ注目されています」（中西さん）

　その中西さんが、ウォッカにもっと関心を持ってもらいたいと提案しているカクテルが、ミリオン・ローズだ。

ウォッカだけを使い、赤くてバラの香りのオリジナル・カクテルを

　このカクテルは、日本では『百万本のバラ』の曲名で歌手の加藤登紀子さんが歌ったもの。元々はラトビアの歌謡曲で、ロシアでも女性歌手が歌って人気を集めた曲だ。加藤さんのお

ロシアで最も人気のウォッカに、違う個性のウォッカ2種類をブレンドした、意外性の高いカクテルで、従来のウォッカのイメージが変わります。

父さんが、中西さんが働いていたロシア料理店の創業者という縁から、曲名のバラから連想する赤い色のカクテルとして、独自に考案した。

「通常なら、リキュールやフルーツを使って赤い色とバラの香りを出すのですが、やはりウォッカ専門店なので、ここではウォッカだけを使って作りました」（中西さん）

ベースのウォッカは、ロシアン・スタンダード［左ページ写真］。アルコール度数は40度。大衆価格で文字通りロシアでスタンダードとなっているほど人気のウォッカで、『ナカニシ』でもスタンダードのウォッカとして使っている銘柄だ。

「それに加えるのが、ヴァンパイア・ウォッカ［写真下左］。これは赤い色のウォッカで、赤い色を出すために使います。そしてマスネ・ウォッカ・ア・ラ・ローズ［写真下右］。このウォッカは、ローズの香りがするフレーバード・ウォッカです。どれもアルコール度数は40度ありますから、見た目はきれいですが、かなり強いカクテルです」（中西さん）

ウォッカだけしか使っていないのに、鮮やかな赤い色で、バラの香りがする。しかし飲んでみると、やはりしっかりとしたウォッカの味がする。見た目と香り、味わいのギャップに多くのお客が驚き、ウォッカに対する見方、可能性を感じさせる印象深いカクテルとして人気だ。

──京都・先斗町［ВОДКА БАР НАКАНИСИ］中西 眞一郎

ウオッカ
vodka

menu:	**アダム&イブ**
price:	800円（税別）
recipe:	スミノフ・グリーンアップル・ツイスト…30ml アップル・ジュース…120ml ミント・チェリー
process:	1　氷を入れたグラスに、スミノフ・グリーンアップル・ツイストを入れ、アップル・ジュースを注ぎ、静かにステアする。 2　ミント・チェリーを飾る。

information:	『ВОДКА БАР НАКАНИСИ』 住所／京都府京都市中京区先斗町通三条下ル若松町138-4　河島会館1階 電話／075-221-0302 営業時間／18:00～23:00（土曜日、日曜日、祝日は17:00から） 定休日／月曜日（祝日の場合は翌日に振り替え）

京都・先斗町『ВОДКА БАР НАКАНИСИ』中西 眞一郎

ウオッカ
vodka

日本にも、徐々に浸透しつつあるフレーバード・ウォッカの魅力

　多くの酒は、原材料に規定がある。ラムならサトウキビ、テキーラならリュウゼツラン、ワインならブドウ…という具合だ。ところがそれに当てはまらない酒の一つが、ウォッカだ。ウォッカには基本的に材料の定義はない。ロシアでは麦やじゃが芋を使うが、ポーランドではライ麦を使ったり、ベトナムでは米を使ったりしたものもある。118ページでも紹介したように、小麦やブドウを使うウォッカもある。

　「要は、連続式蒸溜器で蒸溜すること。したがって日本の酒では、甲類焼酎がウォッカに分類されます。現に、コンビニなどで売っている缶酎ハイの裏を見ると、材料欄には『ウォッカ』と書かれていて、『焼酎』とは書いていませんから」

　と、『ウォッカバー・ナカニシ』オーナー・バーテンダーの中西眞一郎さんは解説する。

　「ウォッカの魅力は、純粋でピュアなお酒であること。基本的に無味無臭とはいいますが、実際には最終工程のろ過の仕方を工夫することによって、原料の味わいを少しだけ残したり、香りをほのかに出したりと、各社で風味に差を出しています。どのように違うか、表現するのは難しいほど微妙な味わいなのですが」（中西さん）

　また純粋なウォッカに加えて、フレーバードを加えたものもいろいろと登場している。味はなく、純粋に香りのみつけられたウォッカだ。

　「バイソン・グラスを漬け込んだズブロッカは、最も知名度の高いフレーバード・ウォッカで、それ以外にも海外では昔からたくさんつくられています。柑橘系のフレーバーはもちろん、ベリー系のフレーバーやナッツ系フレーバー、唐辛子フレーバーなど、非常にたくさんの種類があります。日本には、今日でもまだあまり種類が入っておらず、一般にもあまり知られていないのが現状ではないかと思うのですが、近年ではフレーバード・ウォッカに注目するバーテンダーの方も徐々に出てきていると聞きます」（中西さん）

　そうしたフレーバードウォッカを、ストレートで飲むのが現地での楽しみ方だ。しかしウォッカはアルコールが強く、味もあまり感じないだけに、日本ではそのまま飲む習慣はあまりな

同じリンゴの香りのウォッカとジュースを組み合わせることで、爽やかなリンゴの風味が強調された、飲みやすいカクテルに仕上げます。

京都・先斗町『ВОДКА БАР НАКАНИСИ』中西 眞一郎

い。そこでいろいろな香りを楽しめるようにと中西さんが勧めているのが、アダム&イブだ。

フレーバード・ウォッカがベースの、リンゴの香りを強調したカクテルに

　このカクテルは、アップル・フレーバーのウォッカを、アップル・ジュースで割ったシンプルなもの。
　「1980年代だったと思いますが、日本のウィスキー・メーカーが自社製のウォッカを作り、自社農園で作ったアップル・ジュースとともに売っていたことがありました。カクテル名では、通常、ビッグ・アップルとして知られています。ここではそれをヒントにして、フレーバード・ウォッカで香りを強調したものです」(中西さん)
　一般的なレシピでも充分に美味しいが、ウォッカにジュースと同じフレーバーがついているため、味わいにも一体感が出て飲みやすい。
　さらに、日本のリンゴは、赤くて甘みの強いものが多いが、ヨーロッパでリンゴというと、酸味のある青リンゴが一般的。そのフレーバーのついたスミノフ・グリーンアップル・ツイスト[左ページ写真]を使ったこのカクテルは、ソーダを入れなくても爽やかさを感じさせる。
　仕上げに、青リンゴをイメージさせる青い色のミント・チェリーを添えて[写真上右]、色彩的なアクセントとした。

テキーラ
tequi-
la

東京・六本木『AGAVE(アガヴェ)』
佐々木宗彦

menu:	アガベ・ジュレップ **Agave Julep**
price:	1,500円（税込）
recipe:	アガバレス・シルバー…2 アガベ・シロップ…1/2 フレッシュ・ライム・ジュース…1/8個分 ソーダ…適量 フレッシュ・ミント…適量
process:	1　グラスにフレッシュ・ミント、アガバレス、アガベ・シロップ、ライム・ジュースを入れる。 2　クラッシュド・アイスを入れ、ソーダで満たしたら、バー・スプーンで軽くステアする。 3　ストローをつける。

東京・六本木『AGAVE』佐々木宗彦

profile:
都内のバーやレストランでバーテンダーとして19年従事。1999年にリードオフジャパン㈱に入社し系列レストランバーに配属、2001年から現職に就く。『AGAVE』に異動してからはテキーラについて深く学び、テキーラ・マエストロの資格を持つ

テキーラ
tequila

400種の圧倒的ラインアップで、テキーラの普及に寄与

　東京・六本木交差点を、西麻布方面へ進んだビルの地階にある『アガベ』は、世界最大級のテキーラバーとして知られる。店内は、革命時代の古きよきメキシコを演出した雰囲気に仕上げており、シガー・コレクションも充実。ボトルがずらりと並ぶバックバーの照明は、メキシコの夕日を思わせる風合いが目でも楽しませてくれる。

　経営母体は、世界各国の商品を扱う輸入商社であるリードオフジャパン㈱。

　「オープンした1998年当初より、メキシコのビール『テカテ』とテキーラを扱うバーとして営業していました。一方で、当時日本ではテキーラをショットグラスで飲む強いお酒のイメージが強く、馴染みの薄いアルコールでした。そこで我々は本場の飲み方や、さまざまな味わいを持つテキーラの美味しさをもっと知ってもらおうと、日本でのテキーラの裾野拡大に努めてきました」

　と同店バーテンダーの佐々木宗彦さん。現在、店で扱うテキーラは、400種。主に日本では珍しい直輸入のアイテムを多く揃えており、プロのバーテンダーが勉強をしに来る場にもなっている。

　テキーラは、2回以上蒸溜した後、すぐに瓶詰めした無色透明のブランコ（またはシルバー）、オーク樽で最低2ヵ月熟成させたスムーズな味わいを持つレポサド、最低1年以上熟成させ樽香が際立ったアニェホなど、同店では熟成期間の異なるタイプを幅広くラインアップ。すべて単品でグラス提供しており、熟成期間や原料となるアガベの産地などによる味わいの違いを提案する。

　また、テキーラそれぞれの特性を活かしたカクテルも豊富に用意。テキーラビギナーでも楽しめるように、敷居を低く設定している。

　「テキーラは、原料であるアガベの滋味を楽しむものです。近年ではアガベを100％使ったプレミアム・テキーラの人気も高く、混じり気がない味わいが親しまれています」（佐々木さん）

　とはいえ、香りや飲み口のクセなど個性が強く、扱いにくいテキーラも少なくない。その際は使用量の比率を変える、数種のテキーラを組み合わせるなどでカクテルに使用し、飲み飽きしない味わいを目指しているという。

テキーラは、アガベの滋味や製法を楽しむもの。青々しさやシャープな飲み口などそれぞれの特性を熟知し、それを活かした一杯に仕上げます。

東京・六本木『AGAVE』佐々木宗彦

100%アガベの繊細な味を
損ねないような組み立てにする

　アガベ・ジュレップは、一般的に知られるミント・ジュレップをテキーラでアレンジした一杯。ミントの清涼感と、アガベのシャープな味わいを掛け合わせている。一方でアガベは青々しいグラッシーな風味を持つため、ミントはつぶさずに使い香りづけ程度にとどめることで、飲んだ後に口の中に残る青っぽさを軽減している。

　「テキーラは、蒸溜を2回行なった透明なアガバレス・シルバーを使用。アガベ100%を使ったプレミアム・テキーラの割に価格もリーズナブルなため、使いやすさもあります」（佐々木さん）

　気をつけることは、繊細な味わいを持つプレミアム酒の風味を損ねないことだ。アガベ・ジュレップでは、甘みとなるアガベ・シロップを少量加え、同じ原料による味の相乗効果を図る。これにより、飲み口をすっきりとさせ口当たりを軽く仕上げている。

　「テキーラの味わいを熟知した上で、それをどう活かすかがポイントです。カクテルの方が女性や初心者の方でも入りやすいため、使用するテキーラの選別はもちろん、その味を引き立てる副材料の組み合わせは考えます。今回はプレミアム・テキーラを使ったので繊細な味を活かす組み立てにしましたが、意外と主張のある副材料、例えばフルーツなどとも相性がいいと思います」（佐々木さん）

テキーラ
tequila

menu:	マルガリータ・ドン・アガベ **Margarita Don Agave**
price:	1,700円（税込）
recipe:	オレンダイン・オリータス・レポサドと アガバレス・シルバーをブレンドしたもの…2oz コアントロー…1oz フレッシュ・ライム・ジュース…1/2個分 塩（チリパウダーを混ぜたもの）…適量
process:	1　カクテル・グラスの縁を塩でスノースタイルにしておく。 2　シェーカーに氷とすべての材料を入れ、シェイクする。 3　「1」のグラスに注ぐ。

東京・六本木『AGAVE』佐々木宗彦

information:	『AGAVE』 住所／東京都港区六本木7-15-10 クローバービル地下1階 電話／03-3497-0229 URL／http://www.agave.jp 営業時間／18:30〜翌2:00（L.O.翌1:30。金曜日、土曜日は18:00〜翌4:00、L.O.翌3:30） 定休日／日曜日、祝日の月曜日

テキーラ
tequila

世界中で人気を集める
アガベを100%使ったテキーラ

　そもそもテキーラは原産地呼称が認められており、メキシコのハリスコ州をメインに5つの州でしかつくられない地酒だ。原料にはアガベ（龍舌蘭。テキーラと呼ばれる酒に用いられるのは、アガベ・アスール・テキトラーナしか認められていない）を使用し、その茎を糖化、発酵、蒸溜してつくられる。そのうち、原料の51％以上にアガベを使用し、最低2回以上蒸溜しているもののみがテキーラと呼ばれる。

　またテキーラには大きくわけて、アガベだけを使った「100％アガベ」、アガベを51％以上使用した「ミクスト」の2つがある。日本ではカクテルにミクストを使用するのが主流。これは、ミクストの方が100％アガベに比べて安価であることから、価格的な面で扱いやすいことに由来している。

　「2000年頃から、アメリカを中心に世界的にテキーラ人気が高まっており、特に100％アガベ、いわゆるプレミアム・テキーラを親しむ人が世界中に広まりました。私自身、2010年頃からこうした傾向が日本でも顕著になってきている印象を受けます」（佐々木さん）

　こうした世界的な風潮を受け、メキシコでも新たな蒸溜所が少しずつ出現してきており、つくり手も趣向を凝らすようになってきたのが近年の傾向だ。例えば発酵酵母を変える、無農薬栽培のアガベを使うなど、個性的なテキーラも出揃ってきている。これによりテキーラの価値をさらに高め、世界中へプレミアム・テキーラを発信しファンを増やし続けている。

　テキーラの価格は原材料の選別、工程の工夫によって高価になるだけでなく、陶器のボトルやカッティングを施したガラスボトルなどの容器でも変動。さまざまなデザインのボトルがあることから、コレクターからも人気が高い。

　テキーラのアルコール度数は、2回の蒸溜後60％台にまで上がるため、加水してアルコール度数を調整。度数は低くて35％、最高で55％までが認められている。世界中に流通しているテキーラは40％台が多い一方で、メキシコ国内では35％が一般的だという。

　「メキシコの家庭では、小さなグラスに入れてちびちびと飲むイメージです。ちょうど日本で言う、日本酒を飲む感じに似ていますね」（佐々木さん）

樽香とやさしい味わいの『アガベ』特製マルガリータ

メキシコで飲まれるテキーラはアルコール度数35%。地場の雰囲気も味わいに落とし込むマルガリータを作りました。

テキーラ・ベースのスタンダード・カクテルであるマルガリータを、『アガベ』らしく表現したオリジナルの一杯がマルガリータ・ドン・アガベだ。

「特徴は、ベースのテキーラにカクテルに使用するには贅沢な100%アガベを使用している点と、さらに別のテキーラをブレンドしている点です」（佐々木さん）

前者は、アメリカのホワイトオーク樽で半年〜2年熟成を施したオレンダイン・オリータス・レポサド。そして後者はアガバレス・シルバー。マルガリータには熟成なしのブランコを使うのが一般だが、

「アガバレス・シルバーの青々とした感じと、オレンダイン・オリータス・レポサドの角の取れた味わいを引き合わせて、バランスよく、他では味わえない仕上がりになっています。これまでのマルガリータのイメージを変えるカクテルになっていると思います」（佐々木さん）

グラスは、塩でスノースタイルにしてサーブするが、塩にはチリパウダーを混ぜたものを使用。飲んだときにピリっとした辛味を感じさせることで、飲み口を引き締める。

『アガベ』では、フルーツを使ったフローズン・フルーツ・マルガリータを含め、マルガリータだけで7種を用意。使用するテキーラによる味わいの違いを提案している。

――東京・六本木『AGAVE』佐々木宗彦

メスカル
mez-cal

東京・六本木
『La Mezcaleria Jicara Bar & Grill』
ラ・メスカレリァ・ヒカラ
吉川 優

menu:	**El Gusano Rojo** エル・グサーノ・ロホ
price:	1,300円（税込）
recipe:	メスカル※…60ml パッションフルーツ・ピューレ…20ml ジンジャー・エール（辛口）…適量 グレナデン・シロップ…適量 ミントの葉…1枚 ・・・ ※ コチ・エスパディン・ホベン、ドナヒ・ホベン、デル・マゲイ・ビダを同割にしたもの
process:	1　グラスにメスカルとパッションフルーツ・ピューレを混ぜ合わせる。 2　クラッシュド・アイスを入れ、ジンジャーエールで満たし、グレナデン・シロップを静かに注ぐ。 3　ミントを飾り、ストローをさす。

東京・六本木『La Mezcaleria Jicara Bar & Grill』吉川 優

profile:
地元・山梨での会社員経験を経て上京。将来店を持ちたいという想いで、東京・目黒にあるオーセンティックバーで4年半バーテンダーとして従事した後、テキーラが好きだったことからリードオフジャパン㈱に入社。『ラ・メスカレリア ヒカラ バー&グリル』に配属され、メスカルの知識を日々高めている。

メスカル
mez-cal

スモーキーな風味を持つメスカルが、徐々に流行中

　メスカルは、アガベ（龍舌蘭）を主原料とするメキシコ特産の蒸溜酒の総称。近年ではニューヨークやロンドンなどで専門店が増えてきており、流行の兆しを見せているが、日本でも少しずつ知名度が上がってきている。こうしたメスカルを専門的に扱う店が、東京・六本木にある『ラ・メスカレリア ヒカラ バー＆グリル』だ。

　「メスカルは蒸溜に手間ひまがかかることから、小さな蒸溜所でつくられることが多いお酒です。ですので、クラフトマン・スピリッツの宿ったお酒と言えるでしょう。最近では、珍しい原料を使ったり、凝ったつくりをしたりする生産者も増えてきています」

　と話すのは、同店バーテンダーの吉川 優さん。

　メルカルの特徴の一つに、スモーキーな香りが挙げられる。この香りは製造過程における、原料加熱の際によるもの。地面にすり鉢状に掘った穴に火山岩を入れ、それを充分に熱してから、その上にアガベを入れ、蓋をして数日蒸し焼きにする。この時、アガベにスモーキーな香りがつくのだ。その後、やわらかくなったアガベは、破砕して発酵させる。テキーラをつくる場合、発酵酵母としてシャンパン酵母やパン酵母など独自の酵母を使うことが多いが、メスカルは自然酵母でつくられるのが一般的だ。

　「蒸溜後は寝かせずに、瓶詰めし、販売することが多いので

> メスカルはオリジナリティを出しやすいスピリッツ。テキーラ・ベースのカクテルを応用する他、スイカなどの意外な組み合わせにも応えてくれます。

すが、樽で数ヶ月の短期熟成を施したり、4～5年長期熟成させたりすることもあります。特に長期熟成を経たメスカルは、ラム酒に近い風味に仕上がります」（吉川さん）

　メスカルもテキーラ同様、原産地呼称が認められているため、メキシコのオアハカ州を中心に、8つの州でつくられたもののみがメスカルと呼ばれる。

　ちなみに、メキシコではメスカルを、「ヒカラ」と呼ばれる専用の器に入れて飲むのが常［左ページ写真左上］。

　「ヒカラはひょうたんを乾燥させた器で、内側がザラザラとしているのが特徴です。これにより舌触りがよく、口馴染みがよいためまろやかな味わいになります。メスカルはテキーラよりもアルコール度数が高いものが多いため、ヒカラを使うことでより飲みやすくなります」（吉川さん）

　ヒカラで飲む際は、スモーキーな香りが楽しめるよう常温がおすすめ。その際にはオレンジの酸味やグサーノソルト（139ページ参照）と一緒に、ゆっくりと飲み進めるのがよい。

東京・六本木「La Mezcaleria Jicara Bar & Grill」吉川　優

フルーツとの相性のよさを活かした女性らしい一杯

　「メスカルを使ったカクテルのレシピは日本に少ないため。私は海外のレシピを日本向けにアレンジしたり、原料が同じアガベという点もあり、テキーラベースのカクテルを応用することもあります」（吉川さん）

　エル・グサーノ・ロホは、ベースは香り、スパイス感などの複雑味を出しつつ、飲みやすいように調合した3種のメスカルを使用する。酸味と甘みのあるパッションフルーツ・ピューレをプラスしながらも、最大の特徴であるスモーキーな風味を残した組み合わせにより、メスカルを初めて飲む人でも抵抗の少ない、飲みやすい味わいに仕上げたところがポイントだ。また、カクテル名の「ロホ」は赤を指すことから、グレナデン・シロップで赤色を注ぎ、見ためにも女性の目に留まる一杯に仕立てている。

　「メスカルをカクテルに使うことで、オリジナリティを出しやすいと思います。フルーツとの相性がよく、パインやオレンジの他、スイカや柿などとも意外と合います。また、シナモンなどのスパイスと掛け合わせても、ひと味違ったメスカルをご提案できると思います」（吉川さん）

メスカル
mez-
cal

menu:	メスカリータ **Mezcalita**
price:	1,300円（税込）
recipe:	メスカル※…60ml ライム・ジュース…22.5ml アガベ・シロップと水を2：1で割ったもの…10ml グサーノ・ソルトとマルガリータ・ソルト…適量 ● ● ● ※コチ・エスパディン・ホベン、ドナヒ・ホベン、デル・マゲイ・ビダを同割にしたもの
process:	1　カクテル・グラスの縁を、塩でスノースタイルにしておく。 2　シェーカーに氷とすべての材料を入れ、シェイクする。 3　「1」のグラスに注ぐ。

information:	『La Mezcaleria Jicara Bar & Grill』 住所／東京都港区六本木7-18-11 DMビル地下1階 電話／03-5411-8731 URL／http://www.jicara.jp/ 営業時間／18:00〜翌2:00（L.O.翌1:30。金曜日、土曜日は翌4:00まで、L.O.翌3:30。祝日は24:00まで） 定休日／日曜日

東京・六本木『La Mezcaleria Jicara Bar & Grill』吉川 優

メスカル mezcal

スパイシーな香り、甘み、スモーキーな風味と3種のメスカルをブレンドしてメスカルの特徴を引き出しています。

メスカル品質統制委員会
公認の専門店としては、日本初

　東京・六本木のビル地下にある『ラ・メスカレリア・ヒカラバー&グリル』は、日本で初めて「メキシコ メスカル品質統制委員会」の公認を得たバーだ。店内は古材を使ったバーカウンターに、奥は中南米の大統領のサロンをイメージしたテーブル席で構成。家具や調度品も現地の雰囲気を再現した空間で、食事とワイン、そしてメスカルが楽しめるように設えている。

　同店は、メスカルだけで200種を揃える世界最大級のメスカルとグリル料理が楽しめる店として、2013年にオープン。

　「元々、テキーラが好きという方が、当店でメスカルを好きになって帰るというケースも少なくありません。あとはメスカル・マニアの方も意外と多く、リピートしてくれますね」(吉川さん)

　メスカルは国内で入手しにくいことから、経営母体である総合輸入商社のリードオフジャパン㈱を通じて、直接輸入するメスカルを主に扱っている。

　また専門店でありながら、食事が楽しめるレストランであることも、常連客を掴むポイントの一つ。料理は中南米各国のラテン料理にヨーロッパのテイストを取り入れたラテン・フュージョン料理を提案する。また、ニューワールドのワインを中心としたワインを常時12〜13種、日本や海外のクラフト・ビール約10種をラインアップするなど、食事と合わせやすいお酒もバラエティ豊かに揃える。そのため、早い時間は食事を楽しむお客を、遅い時間には2〜3軒目利用のお客を吸収。30〜40代を中心に男女は半々で推移している。

　「お客様は、必ずしもメスカル目当てで来られるわけではありませんが、せっかくなので一杯飲んでいくという方も多いです。メスカルは大半が小規模蒸溜所でつくられるため、風味にとどまらず、それぞれにつくり手の想いや物語があ

り、そうしたバラエティの幅広さも味わいとして加味して頂けると思います」(吉川さん)

3種のメスカルで複雑味を。グサーノソルトで相乗効果を発揮

　メスカルベースのマルガリータであるメスカリータは、メスカルを存分に味わえる一杯として提案。メスカルにはエル・グサーノ・ロホ同様に、3種をブレンドしたオリジナルメスカルを使用する。

　「3種のうちコチ・エスパディン・ホベンとデル・マゲイ・ビダは、どちらもアガベ・エスパディンという品種を100％使用していますが、それぞれ異なる特徴があります。前者はアルコール47度と高くスパイシーな味わいを持ち、後者はスモーキーな香りが身上です。またドナヒ・ホベンはアルコール40度で、甘みがあるタイプ。これらタイプの異なる3種を同割で混ぜることで複雑味を表現し、メスカルの特徴を最大限に引き出します」(吉川さん)

　スノー・スタイルにする際の塩は、一般的に使われるマルガリータ用ソルトに、メキシコ特産のグサーノソルトを混ぜて使用[写真右上]。グサーノソルトとは、アガベに生息するグサーノと呼ばれるゾウムシの幼虫を乾燥させ、粉末状にしたものを塩、唐辛子と合わせたもの。カクテルによっては、食用バッタを乾燥させ粉末状にした「チャプリンソルト」を用いることも[写真右下]。

　「グサーノソルト自体がスモーキーなため、口に入れたときに舌の上でスモーキーさを感じるようにし、相乗効果を発揮させます」(吉川さん)

　メスカルの味わいを尊重しながらも、ライム果汁を1/3量加え、さらにアガベ・シロップをプラスすることで、すっきりとした後味を表現。飲みやすい一杯に仕上がっている。

——東京・六本木『La Mezcaleria Jicara Bar & Grill』吉川 優

ラム
rum

東京・吉祥寺『SCREW DRIVER』
海老沢 忍、土屋 貴司

menu:	# モヒート
price:	1,000円（税別）
recipe:	ミント・ラム（バカルディー・スペリオール・ホワイトにミントの葉を漬け込んだもの）…50ml ライム・ジュース…10ml サトウキビのシロップ…10ml ミントの葉…12g ソーダ…90ml ライム…1/6カット ミントの葉…適量
process:	1　バカルディー・スペリオール・ホワイトに洗ったミントの葉を入れ、2～3日漬け込んでミント・ラムを作っておく。 2　グラスにミントを入れ、「1」のミント・ラム、ライム・ジュース、シロップ、カットしたライムの半量とソーダ少量を入れ、ペストルでミントをつぶす。 3　クラッシュアイスを入れて攪拌し、ソーダで満たす。ステアしたら、残りのライムとミントの葉を飾る。

東京・吉祥寺『SCREW DRIVER』海老沢 忍、土屋 貴司

profile:
『SCREW DRIVER』オーナーの海老沢忍さん（写真左）は、日本ラム協会の会長も兼ねるラムの第一人者。モヒート・ブームの仕掛け人でもある。同店バーテンダーの土屋貴司さん（同右）は、欧州旅行中に酒の魅力に憑りつかれ、数々のバーでの修業後、同店バーテンダーに就任。1997年開業の同店は世界各地のラムを500種類近く揃え、"ラムの聖地"としてファンを集める。

ラム
rum

個性豊かで種類も豊富なラムが、世界的に注目を浴びている

カクテル・ベースに用いられる酒の代表格の一つ、ラム。東京・吉祥寺の『スクリュー・ドライバー』は、ラムを世界中から揃え、その数500種類あまりというラム専門のバーとして人気を集める店。

「ラムの魅力は、何といっても種類が多いこと。ラムの定義はサトウキビが原料の蒸溜酒とうことだけなので、世界中でつくられていて、現在、4万銘柄もあるといわれています。しかも、生産国によって個性が異なるのがユニークな点です」

というのは、同店オーナーであり、日本ラム協会代表として日本でのラムの普及に尽力する海老沢忍さんだ。

「15世紀の大航海時代以降、ヨーロッパ諸国が植民地で作った酒の一つがラムで、色、風味の違い以外に、支配国の違いでいうと系統が3つあります。旧スペイン領だった地域のものは、シェリー樽で寝かせていたので甘口に。旧イギリス領だった地域のものはスコッチの製法を用いているので、飲み応えがあってどっしりとした味わいに。旧フランス領だった地域ではブランデーづくりの技術を活かしたものが多く、香りは華やかで芳醇な味わいが特徴といった具合です」（海老沢さん）

今日、ラムの消費増大は世界的な傾向だ。

「アメリカではカクテルが禁酒法時代にできたオールド・カクテルに回帰していますが、それに用いられたのがライ・ウイスキーとラムだった。また、ラムを使ったトロピカル・カクテルを出す「ティキ・バー」人気も2010年以降続いています。ヨーロッパでは、ウイスキー原酒の枯渇に伴い、その代替品に熟成感のあるお酒として、ブランデーとラムに人気が出ています。ラムは産地の個性が出やすいので、シングル・モルトのファンにも人気を集めているのです」（海老沢さん）

ラムにミントを漬け込むことで清涼感を高め、微炭酸で喉ごし良く爽快感を高める

日本でも、2000年代に入ってモヒート・ブームが起こり、若者の間でラムへの注目度が高まっている。そこで同店が勧めているのが、認知度の高いモヒートでもラム専門店らしい

個性的な一品だ。

「暑い夏場ほど、よくオーダーされるカクテルですので、ミントとライムの爽快感を大事にし、さらにコクとうま味も出したモヒートです」

というのは、同店でカクテル作りを担当する土屋貴司さん。

「爽やかですが、しっかりうま味のあるモヒートです。これには、前もってラムにミントを漬け込んでおいだミント・ラムを使います。ミントはグラスにも入りますが、ラムにミントをあらかじめ漬け込むことで、カクテル全体のまとまりと厚みが出ます。ミントは漬け込みすぎると苦みが出でしまうので、その前に取り出します」（土屋さん）

この漬け込み用のラムとしては、バカルディー・スペリオール・ホワイトを使っている。

「バーでよく使われているホワイト・ラムの中でも、このラムはクセがないので、副材料の持ち味を最大限に引き出すことができると考えての選択です。ミント以外にも、このラムはフルーツ系のラム・カクテルによく合います。ミントやライムの爽快感を最も引き出し、ほんのりとした甘みと、ほど良いアルコール感がやさしく残ります。バカルディーと並ぶ人気銘柄でも、ハバナクラブは甘みの中にやや酸味があり、より個性的なので、フルーツと合わせるよりはラム・コークなどに用いた方が、よく合うと思います」（土屋さん）

モヒートには、甘みとしてシロップを加えるが、この素材にもひと工夫。ラムメーカーが出しているサトウキビ100％のシロップを使用。同原料でラムとの味の相性も良く、モヒートにさらなる深みとうま味を出す。

「グラスにラムとシロップを注ぎ、ミントをたくさん入れたら、つぶすときにソーダ、ライムを加えます。このことで、よりフレッシュ感が出ます」（土屋さん）

ラムにもミント風味がついているので、ミントはあまりつぶしすぎないようにする。最後に加えるソーダは少な目で、炭酸を少し飛ばし気味にするのもポイント。微炭酸にすることで、飲みやすく喉ごし感が良くなるため、カクテル全体としての爽快感が高められる。

クセの少ないバカルディーに、ミントを漬け込んだものを使うことで、モヒートにした時に、全体のまとまりと味わいに厚みが出ます。

——東京・吉祥寺『SCREW DRIVER』海老沢 忍・土屋 貴司

ラム
rum

menu:	ピニャコラーダ
price:	1,400円（税別）※ホワイト・ラムの場合は1,200円
recipe:	アプルトン・エステート12年…40ml パイナップル・ジュース…30ml モナン・パイナップル・シロップ…20ml ココナッツ・ミルク…90ml ココナッツ・フレーク…適量 ブラウンシュガー…適量 パイナップルの葉…2枚
process:	1　アプルトン・エステート12年30mlと、残りの全ての材料をブレンダーに入れ、クラッシュ・アイスを3カップ加えて攪拌する。 2　グラスに入れ、「1」で残したアプルトン・エステート12年を10ml注ぐ。 3　ココナッツ・フレークをのせ、ブラウンシュガーをふり、パイナップルの葉を飾る。ストローをさして提供する。

東京・吉祥寺『SCREW DRIVER』海老沢 忍、土屋 貴司

information: 『SCREW DRIVER』
住所／東京都武蔵野市吉祥寺本町1-20-15　東永ビル4階
電話／0422-20-5112
URL／http://www.screw-driver.com
営業時間／19:00〜翌4:00
定休日／無休

ラム
rum

熟成感の強いイギリス系のラムを使い、ココナッツミルクやパイナップルと合わせることで、トロピカル感となめらかさを魅力にしました。

ホワイト・ラムに代えてダーク・ラムを使い、大人のトロピカル・カクテルに

ラムのカクテルとして、すぐに思い浮かびやすいのはトロピカル・カクテル。ラムは原料のサトウキビが温かい地方の国で作られているので、温かい地方のリゾート地のホテルなどには必ずといっていいほど置いてあり、旅行先で口にする機会は多い。

トロピカル・カクテルの定番ピニャコラーダは、通常はホワイト・ラムがベース。このカクテルを、ラム専門のバーらしくラムを強く感じてもらえる一品として提案したのが、『スクリュー・ドライバー』のピニャコラーダだ。

「ダーク・ラムを使用し、トロピカルでなめらか、かつ深みのある大人の味わいのピニャコラーダです。あえてダーク・ラムにしたのは、その方が飲み応えが出て、ラムが使われていることがしっかりと感じてもらえるようにするためです。ラムは熟成感の強いアプルトン・エステート12年[写真下]。ジャマイカ産ですが、旧イギリス統治領のためイギリス系のラムの個性を持っています。どっしりとしてオイリーで、ストレートでも充分に美味しいラムですが、ココナッツミルクに合わせることで、アプルトンのオイリーさがよりのび、パイナップルの酸味と甘みがコクのあるアブルトンをベースにすることで、トロピカル感がより大人のカクテルに変化するので選びました」(土屋さん)

このためココナッツミルクは、あっさりとした味わいのものを使用。重すぎず、ラムのコク、パイナップルの酸味・甘み、ココナッツのトロピカル感となめらかさのバランスが良くなるからだ。

「甘みとして、シュガー・シロップではなくパイナップルシロップを加えたのは、パイナップル・ジュースだけだと、どうしても味覚的に薄くなってしまいがちです。仕上がった時の、全体のバランスが悪くなるのを避けるために使っています」(土屋さん)

ブレンダーに材料とともに氷を少し入れて回し。グラスの中で、フローズンとシェイクの2つの味が楽しめるように仕上げる[右ページ写真左]。さらに上にもラムを注ぐ[右ページ写真中]。フローズンに近く香りが立ちにくいので、仕上げに注ぐラムで香りをダイレクトに楽しませる。

東京・吉祥寺『SCREW DRIVER』海老沢 忍、土屋 貴司

自由度の高いラムは、可能性も広がる。
これから有望な酒として注目

　「ラムでカクテルをつくるときに気をつけているのは、ラムはサトウキビが原料なので、辛口のカクテルにしてもほのかな甘みは存在します。その甘さをいかにコクとうま味に変えるのかがポイントです。特にラムは、甘みがあるフルーツとの相性は他の酒に比べるととても良いもの。甘いラムや味の濃いラムは甘みを加え、のばしてもボディー感や甘みが薄くならないようにします。香りが強いものやクセのあるラムは、全体の分量を少な目にし、個性を際立たせるようにしています」（土屋さん）

　世界的に人気のラムだが、実はこれまで日本では認知度が低かった。その原因は、サトウキビが採れるところならどこでも自由につくれ、産地がバラバラで製造規定が緩かったことも一因だという。

　「『どの国が発祥の酒か』が見えにくいことから、何となく輪郭がイメージしにくいのです。今日ではフィリピンでもプレミアム・ラムがつくられるようになっており、日本でもつくられるようになっています。自由度が高いことは、世界中どこででも高品質のラムがつくれる可能性がある。そうした可能性の高い酒として、これから有望」（海老沢さん）

　ラムの特徴である、ホワイトと熟成の2タイプの個性をどう広めていくか。ラムをもっと知ってほしいことから、海老沢さんはラム協会を立ち上げ、「ラム・コンシェルジュ」資格制度も始めて話題を呼んでいる。

大阪・曽根崎新地
『バーボンウィスキー専門店 十年』
笠岡 雅彦

menu:	ミシシッピレモネード
price:	1,000円（税込）
recipe:	イエローストーン90プルーフ…45ml ベネディクティンDOM…5ml ブルー・キュラソー…1tsp レモン・ジュース…10〜25ml トニック・ウォーター…適量
process:	1　イチゴのヘタを落とし、切れ目を入れておく。 2　シェーカーにイエローストーンとベネディクティンDOM、レモン・ジュースを入れ、氷とともにシェイクする。 3　グラスに「2」を注ぎシェーカーの氷も静かにグラスに移す。 4　トニックウォーターで満たす。 5　ブルーキュラソーを静かに注ぎ、イチゴを添える。

大阪・曽根崎新地『バーボンウィスキー専門店 十年』笠岡 雅彦

profile:
オーナーの工藤日出男さんに代わり、現在店を切り盛りするバーテンダーの笠岡雅彦さん。ホテルでのバーテンダーを20年務めた後、『バーボンウイスキー専門店 十年』へ。こちらで努めて12年になるが、ほぼすべてのオリジナルカクテルを担当している。厳選した少数のリキュールで、バーボンの味わいを壊さないカクテルを作る。

バーボン
bour-bon

バーボンウイスキーを広めたパイオニア。
玄人だけでなく、素人にも門戸を広げる。

　スコッチウイスキーが全盛の頃。1967年に、工藤日出夫さんが日本で初めてのバーボンウイスキー専門店として開業した『十年』。当時は、ビル2階でカウンター7席・わずか3坪という小さなお店だった。もちろんバーボンを飲み馴れないお客も多く、ファンを獲得するには時間がかかったそうだ。しかし、そうしたスタート時から、アメリカ大使館や領事館、広告代理店と日本バーボンウイスキー普及協会を立ち上げたり、関西財界OBたちとバーボンを飲む会を作ったりと、工藤さんはバーボンウイスキーの魅力を伝えるための努力を続けてきた。いわば、日本バーボン界のパイオニア的存在でもある。そうした真摯な行動から着実にバーボンの魅力が伝わり、駐日大使からは感謝状も届いた。2001年に現在の場所へと移転し、バーボンは900種類以上にまで増えた。

　「クラフト・バーボン・ブームもあり、その種類はどんどん増えてきています。大手メーカーもチャレンジをするようになり、味の方向性やバリエーションもでてきたなと感じています。その結果でしょうね、やっぱりバーボン・ファンも着実に伸びてきていると実感します」

　と語るのは、オーナーに代わりカウンターを仕切る笠岡雅彦さん。その日の気分で選べる種類の豊富さはもちろん、オールドボトルも含めココにしかない一本がある。それを目指して訪れる人が多いという。そうしたバーボンの知識もあり、飲みたいものを目指して訪れる人がいる一方で、バーボン初心者が気軽に扉を叩いて訪れるのも『十年』の特徴だろう。

ブルーキュラソーの穏やかな揺らめきで、ミシシッピの雄大さを表現。ゆるやかな時間までも、一杯で感じてほしい。

――大阪・曽根崎新地『バーボンウィスキー専門店 十年』笠岡 雅彦

「昔に比べ、ライトテイストで飲みやすいタイプのバーボンも増えてきました。そうしたバーボンの世界へ飛び込みやすいボトルを紹介することも我々の仕事です。もちろん飲みやすくするカクテルもその一つ。甘いタイプやキリリとしたタイプ。訪れる方に合わせた一杯を提供するために、私のカクテルはオリジナルが多いのです」（笠岡さん）

ここで紹介するミシシッピレモネードも、オリジナル・カクテル。笠岡さんが作るオリジナルカクテルは、その名前が特徴的でもある。

「まず名前で『何だ!?』と思わせる。その疑問符があることで、目の前の一杯に集中してもらえると考えています」（笠岡さん）

名前と同じくらい、女性に喜ばれる見た目の美しさにも力を注いでいる。

氷の扱い一つで味が変わる。
バーボンは香りこそ重要。

「オリジナル・カクテルはイメージが大切。ミシシッピの雄大さを表現したいと考え、アメリカの国定公園の名前でもあるイエローストーンを主役に構想しました」（笠岡さん）。

人気のあるバーボンの一つであるイエローストーンは、従来のサワーマッシュ方式とは異なり、粉砕した穀物の煮沸に、圧力釜ではなく蒸気の熱で時間をかけて蒸煮している。また通常の1,5倍の高さがある蒸留塔を使用しているため、深い色合いながらもライトな口当たりに仕上がっているのが特徴。

「食前酒としても人気の、やや甘口なタイプ。ストレートよりもソーダ割りが女性に好評ですが、カクテルに使用する場合は少し多目に使います。ライトな味わいなので、それをボカさないためですね。またベネディクティンDOMは味わいのアクセント。量が多いと味が壊れてしまいますので注意が必要です」（笠岡さん）

こちらのカクテル・グラスは通常よりも大きく、またグラスに入れる丸氷もお酒と共にシェーカーに入れておくのが特徴。

「氷にお酒の香りを移すためにこの方法を採用しています。またトニックやジンジャーでアップする際も、氷にはあてずグラスに沿わせるように注いでいます。こうすることで氷が溶けず、しっかりとバーボンの味わいを感じてもらうことができるからです」（笠岡さん）

バーボン
bour-
bon

menu:	ケンタッキーローズ
price:	1,000円（税込）
recipe:	ジョン・ハミルトン…45ml サザン・カンフォート…15ml グレナデン・シロップ…1tsp レモン・ジュース…1tsp
process:	1　グラスにレッドチェリーを添える。 2　シェーカーに材料を入れ、氷とともにシェイクする。 3　グラスに注ぐ。

information: 『バーボンウィスキー専門店 十年』
住所／大阪府大阪市北区曽根崎新地1-5-7 梅ばちビル1階
電話／06-6344-2407
URL／http://www.tohnen.net/
営業時間／18:00～翌2:00（土曜日は24:00まで）
定休日／日曜日、祝休

──大阪・曽根崎新地『バーボンウィスキー専門店 十年』笠岡 雅彦

バーボン
bour-bon

先入観を変えるため。
華やかな見た目でありながらも
飲みやすく、美味しいカクテルは、
バーボンの印象を変える手段です。

イメージを変えるための手段。
バーボンを気軽に楽しめるための工夫

　クセがある。臭い。安酒。そうしたバーボンへの印象は、まだ多いと、『十年』バーテンダーの笠岡さんは語る。
「本当にバーボンは種類も増え、今やこんな味のバーボンまであるんだ、と驚くほどです。ありがたいことにバーボン専門店として認知され、いまココでしか飲めないオールドボトルを目当てに来ていただくお客さんも増えています。けれど、そうして増えたさまざまなキャラクターのバーボンもしっかりと伝えていかなければいけません。その方法の一つとしてカクテルがあり、ハイボールがある。お客様が美味しいと感じる飲み方を提案してきましたが、今後もそうしたサジェスチョンが大切であると考えます」（笠岡さん）
　そのために味は濃く、量は多く。氷に香りを移したり、ハイボールはフロート・スタイルでといった昔から続けてきたスタイルを守り続けている。また気軽にバーボンを楽しめるようにと、20時まではスタンディングでチャージなしという営業も展開。バーボンの魅力を伝えるための努力は、40年経ても変わらず続けている。

組み合わせが少ないからこそ、
足し引きの絶妙さが求められる。

　その中の一杯が、ケンタッキー・ローズだ。ベースはサイドカー。入門編としてスタンダードなカクテルの派生系もよく考

案するという笠岡さん。

「女性客も多く、あまりバーボンに馴染みのない方でも親しみやすいように、スタンダード・カクテルの話もするようにしています。ケンタッキー・ローズは、まさにその女性のための一杯。バーボンの話もしやすいですし、カクテルの話を伝えることができます。また女性が喜ぶのが華やかなビジュアル。この1杯はケンタッキー州のバラがモチーフ。少し濁らせることで華やかなバラのルックスを表現しました。ビジュアルのイメージからもオリジナルのカクテルは作っています」(笠岡さん)

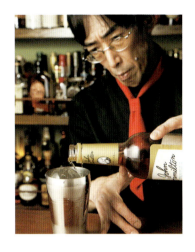

ベースとして選んだのは、ジョン・ハミルトン。大衆的な価格でありながら、非常に味の良いことでも知られる一本である。食前酒としても使えるライトな辛口タイプであり、バーボン特有のクセも少なく、おだやかな口当たりが特徴。このため、バーボン初心者にもストレートでお勧めしやすい酒でもあり、飲みやすいカクテルにも使用しやすい。

「そうした口当たりのやわらかなボトルや、あえてわかりやすいスタンダードなバーボンをカクテルではセレクトするようにしています。"わかりやすいバーボンらしさ"も感じられますし、飲みやすい一杯にすることで、バーボンのイメージを変えることができますから。とはいえ、カクテルはお客様が望む味わいに寄り添うことが大切。中甘口をイメージしたこのカクテルですが、グレナデンを少し絞ることで男性向けによりキリリとした味わいにも仕上げることができます。女性向けにチェリーを選びましたが、爽やかさをより加えたい場合にはミントに変えるなど、お客様に合わせて変更しています」

と笠岡さんは話す。バーボン専門店であることから、リキュールは少量。この一杯は、ジョン・ハミルトンの風味を損ねることなく味わいに深みをもたらすやわらかな香りのサザン・カンフォートを組み合わせた。限られた組み合わせからバーボンの味わいを引き出し、さらに飲みやすい一杯を作るのは非常に難しい。それに対し笠岡さんは、

「昔は自分のカクテルはこうだ！という意思がありました。それではお客様が望むものにはならないと気づいたんですね。バーボンも同じです。今、お客様が望む味や雰囲気に合わせた一杯を提案する。カクテルもそうやって、お客様の望む味と気持ちを聞くことが大切。そうすれば、それぞれの持つバーボンの特徴が自然と活かされた味わいの一杯を作ることができるんです」(笠岡さん)

● 大阪・曽根崎新地『バーボンウィスキー専門店 十年』笠岡 雅彦

バーボン
bourbon

大阪・守口『呂仁(ROGIN'S TAVERN)』
巽 誠一郎

menu:	サゼラック
price:	16,00円（税込）
recipe:	サゼラック・ライ…45ml ヒルズ・アブサン…1tsp ペイショーズ・ビターズ…3dash 角砂糖…1個 レモンピール
process:	1　ヒルズ・アブサンでグラスをリンスする。 2　「1」のグラスに角砂糖を入れ、バースプーンで押しながら潰す 3　角砂糖が緑色になったら、ペイショーズ・ビターズを注ぎ、氷をグラスに入れる 4　サゼラック・ライを注いで軽くステアし、レモンピールを絞りかけてそのまま沈め、スプーンを添える。

●——大阪・守口『呂仁（ROGIN'S TAVERN）』巽 誠一郎

profile:
アメリカに滞在し、21のバーボン蒸溜所すべてを訪れた巽 誠一郎（たつみ）さんが営むバー。1984年の滞在以来、毎年アメリカへと渡り、ヴィンテージ・バーボンや珍しいグッズを揃える。そのコレクションとバーボン愛が認められ、バーボン文化を継承する日本の店としてスミソニアン協会が発行する『スミソニアン・マガジン』にも掲載されたほど。

バーボン
bourbon

アメリカン・カルチャーを体現。
本国からも表彰されるバーボン・マニア

　1977年にジャズ喫茶としてスタートした『呂仁』。オープンして9年後に1階部分をバーとして改装し、3階もフロアとして利用するなど、現在のスタイルへと徐々に以降してきた。今では歴史的建造物としての価値も高い、昔ながらのレトロな洋館の設えはそのまま。どこか懐かしげな雰囲気を感じるものの、バック・バーはテネシー州にあったホワイトラビット・サルーンというバーを忠実に再現したというこだわりも光る。ジューク・ボックスをはじめ、店内にはジム・ビームなどの著名なサインにアメリカで買い付けたヴィンテージ・グッズで設えられ、どこを見ても絵になる空間だ。

　店主は巽 誠一郎さん。実はバーテンダーとしての経験はなく、すべて独学で学んだという。ただその努力はすさまじい。各蒸溜所へと巡り酒づくりの歴史や技術を学ぶのはもちろん、その渡航の間にヴィンテージ・ボトルなどを自ら仕入れているのだ。その数1000本以上。所狭しとボトルが並ぶ店内には、他ではまず見られないボトルがさりげなく並んでいる。

　「バック・バーにも置いているから数はどれくらいかわからない。いろいろあるからバーボン好きの外国人客も多いのが店の特徴ですね。とはいえバーボンだけではなく、モルトも置いています。両方楽しめるほうがバーとしての使い勝手も広いですから」（巽さん）

　オールドボトルも100種以上はあり、100年前の貴重なバーボンもショット2万円で楽しめる。そしてその酒を楽しむグラスやストローもヴィンテージ。古いスペイン銀貨を溶かして作られたアンティークの珍しいカトラリーで提供するなど、細部にまでこだわりが詰め込まれている。

　「今では貴重なモノが飲めるのは嬉しいでしょう。でもボトルだけに目を向けずに、カトラリーとかいろいろ細部を見るのもバーの楽しみです」（巽さん）

　細やかな部分への気配りも忘れない巽さん。根っからのアメリカ好きでバーボン好き。アメリカ全土でつくられるようになったバーボンだが、「やっぱりケンタッキーのが一番」と語る。それは土地や水という環境ではなく、長くバーボンをつくってきた歴史が育んだ熟練の職人がいるからだと語る。そうしたバーボンをカクテルにする際、巽さんは長く愛用されてきてい

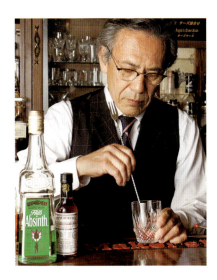
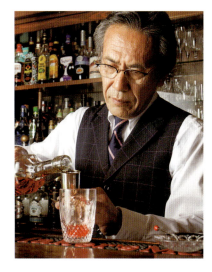

香水っぽさが、
この一杯の魅力でもある。
時間をかけて
ゆっくり飲むことで
本来の味わいが堪能できます。

―― 大阪・守口『呂仁（ROGIN'S TAVERN）』巽 誠一郎

るオールド・スタイルのレシピを用いるようにしているのも特徴だ。サゼラックも、オールド・レシピ。ただしアメリカ人用のサゼラックを作る時は、パンチのあるパンクチュアードのサゼラックを使用すると笑う。

昔ながらのレシピでこそ、バーボンの真価が生まれる

　アメリカのニューオリンズにあるサゼラック・コーヒーハウスで考案されたと言われるカクテル。ジョン・シラーにより命名されたといわれるこの一杯は、カクテルとしては世界最古とも言われるほどの歴史を誇る。角砂糖を少量の水で溶かしたり、アブサンをリンスしてから作るほか、シェイクするスタイルもある。そうしたレシピがあるなかで「本来は注ぐだけ」と巽さんはシンプルなスタイルを貫く。ただし数あるレシピの中でも、より香水っぽいものをセレクトし、飲みながら味わいの変化が楽しめるように角砂糖は溶かしきらないスタイルだ。これは女性客が喜ぶようにとの配慮からでもある。

　「ニューオリンズらしいカクテル。角砂糖をバースプーンで潰しきらずに残しておくことで、飲みながら変化する味わいが楽しめるようにしています。ゆっくりと味わうことで、バーボンの奥深い香りや味わいがしっかりと感じられるでしょうから。アブサンを用いることで香りがしっかりと立ちますが、これをペルノに変えるとやさしい味わいになります。アメリカ人など濃厚な味わいを好む人には、パンクチュアード・サゼラックを用いて、パンチをきかせて驚かせます」（巽さん）

menu:	ブラックホーク
price:	16,00円（税込）
recipe:	ノブ・クリーク…30ml プリマス・スロージン…30ml フレッシュ・レモン・ジュース…10ml マラスキーノ・チェリー
process:	1　カクテルピックに刺したマラスキーノ・チェリー、をグラスに添える 2　材料をすべてシェーカーに入れ、氷とともにシェイクしてグラスに注ぐ。 3　カクテルピンにさしたマラスキーノ・チェリーを添える。

大阪・守口『呂仁（ROGIN'S TAVERN）』巽 誠一郎

information:	『呂仁（ROGIN'S TAVERN）』 住所／大阪府守口市本町1-2-2 電話／06-6997-3200 営業時間／17:00〜2:00 定休日／不定休

バーボン
bour-bon

美味い酒には美味い酒を。
力強くてやぼったいバーボンは、
素材の個性を活かす組み合わせを。

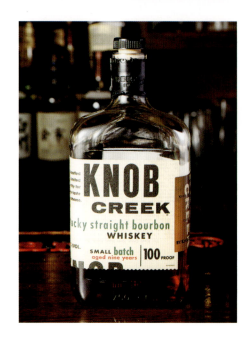

アメリカ人にバーボンの魅力を伝える。
これができる日本人のカクテルだから、飲みたい

　独学で酒の技術を身につけ、そして現地の蒸溜所とも親交を深めてきた巽さん。ケンタッキーの蒸溜所所長とも交流があり、直接送られたメーカーズマークのボトル・スタンドは、日本で1個しかないといわれるレアものだ。ジム・ビームはもちろん、アーカンソー州知事時代のクリントンも訪れたというほど培ってきた交友関係は幅広い。

　そうして自ら体験し、収集してきたからこそ『スミソニアン・マガジン』にバーボン文化を広めた店として掲載されたのだ。アメリカ人が『呂仁』ではじめてバーボン・ウイスキーの魅力に気付き、帰国してからオールド・ボトルを収集しだしたという話があるのも納得だ。ケンタッキー・ダービー観戦中のお供にはミントジュレップが基本。ケンタッキーのスタンダードであるオールド・ファッションドには、角砂糖の変わりに和三盆で和をプラス。そうした現地話に交え、日本流も軽やかに加えるカクテルには、権威者のような威厳はない。守口というローカルな場所らしい親密感で、ココにしかない一杯を提供する。

バーボンらしさを感じる一杯は、
飲みやすくしてもパンチがある。

　たとえば、カクテルに用いるマラスキーノ・チェリーは、サイズ

によって1個にするか2個にするかを変える。サイズが異なるのは自前で仕込んでいるからだ。マラスキーノ・チェリーをはじめ、フードメニューなどはできる限り自ら作りたいと巽さんは話す。このブラックホークに用いるマラスキーノ・チェリーなども、年に2回大量に仕込む日を設けるなど、細やかな努力を惜しまない。また素材にもこだわり、例えば角砂糖の代わりに和三盆を用いることもある。

「自前でできることはやる。そうした手間がカクテルだけではなく、一杯のお酒にも表れると私は思います」(巽さん)

自家製マラスキーノ・チェリーを用いるこのブラックホーク。バーボン・ウイスキーにスロージンをあわせるシンプルなレシピのカクテルだからこそ、セレクトする酒がポイントとなる。スロージンには、プリマスのスロージン。

「ソーダ割りでも出せるほど、濃厚な味わいで美味い」

と巽さんも絶賛のスロージンは、現在英国で稼働しているジン蒸溜所の中でも最も古いといわれるプレミアム・ブランド。ドライ・マティーニの最初のレシピには、このプリマス・ジンが指定されていたともいわれるほどだ。野生のスローベリーを漬け込んだスロージンは、ほのかに甘い香りが漂いつつも、飲み口の甘さは控えめであるのが特徴だ。

ソーダ割りでも出せるほどしっかりとした味わいのスロージンに負けないよう、バーボンも力強いタイプが必要。そこで選んだのがノブ・クリーク。度数は50度以上とパンチがあるうえ、バニラやナッツのいかにもバーボンらしい香りと力強い味わいを感じることができる。禁酒法以前の本来のバーボンの味わいを目指して復刻した9年熟成タイプを今回はセレクト。ジム・ビーム家6代目のブッカー・ノーが開発したクラフト・バーボンの逸品だ。

「どちらの酒もともに濃厚な味わいであるから、あえてシェイクで提供する。ステアだとストレートに味が出てしまうから。シェイクすることで丸みが生まれ、やわらかな口当たりで飲みやすくなる。とはいえアメリカらしいパンチのある味わいには変わりません」(巽さん)

ちなみにシェーカーもイギリスのアンティークで銀製だ。

「冷え具合が指でわかりやすく、中の状態が判断しやすい。大きいと使いにくのではという人もいるけど、こちらのほうがよりベストな状態がわかるから美味しい仕上がりになります」(巽さん)

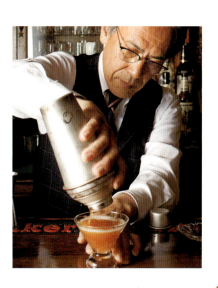

―大阪・守口『呂仁(ROGIN'S TAVERN)』巽 誠一郎

カルヴァドス
calva-
dos

東京・銀座『BAR LARGO(バーラルゴ)』
石原 良

menu:	ジャックローズ
price:	1400円（税込）
recipe:	クール・ド・リヨンVSOP…40ml ライム・ジュース…15ml 自家製グレナデン・シロップ…5ml
process:	1　クール・ド・リヨンVSOP、ライム・ジュース、グレナデン・シロップをシェーカーに入れて混ぜ、氷とともにシェイクする。 2　冷やしておいたグラスに注ぐ。

東京・銀座『BAR LARGO』石原 良

profile:
『BAR LARGO』オーナー・バーテンダーの石原　良さんは、東京・青山に1号店をオープン。その後、2003年に銀座にも開業。約120銘柄のカルヴァドスを揃え、青山店とともに都内でも珍しいカルヴァドスがメインのバーとして評判。カルヴァドスでリンスして火を点け、香りを立たせたグラスでカルヴァドスをサービスするなど、初心者にも楽しめるスタイルで人気を集めている。

カルヴァドス
calvados

マイナーな存在のカルヴァドスを揃え、その飲み方や魅力を伝える

　リンゴのブランデー、カルヴァドス。ブドウでつくるブランデーに比べるとマイナーな存在で、どのバーにも1本はあるが、置いていても3本くらい、という店がほとんど。扱いにくいと感じるバーテンダーの方も多いのではないだろうか。このカルヴァドスをメインに揃えているのが、東京・銀座の『バー・ラルゴ』だ。

　同店オーナー・バーテンダーの石原 良さんがカルヴァドスに注目したのは、フランスに旅行したとき、変わった酒屋に入ったことがきっかけだった。

　「カルヴァドスの産地のノルマンディーやブルターニュ地方ならわかるのですが、パリの酒屋なのにカルヴァドスとシードルしか置いていない。『こんな酒屋が成り立つのか』と興味をひかれて入り、試飲して飲み方を教わりました。コーヒーにカルヴァドスを落としたカフェ・カルヴァは、フランスの現地では朝から飲まれています。しかも美味しい。これをきっかけに古いカルヴァドスも飲むようになり、カルヴァドスにのめり込むようになりました」（石原さん）

　店内にはウイスキーなどのお酒以外に120銘柄のカルヴァドを揃え、さまざまな個性のものやオールドボトルなども楽しませる。

　「カルヴァドスに使

カルヴァドスはバランスに優れた銘柄を使い、ライム果汁の酸味と、自家製シロップでリンゴの香りと甘みを活かしたジャックローズに仕上げます。

われるリンゴは、味や香りの違いなどで何十種類もあります。それをブレンドし、発酵させてシードルにし、蒸溜して熟成させることでカルヴァドスにします。カルヴァドスの特徴は、リンゴの何とも言えない甘い香りと味わい。その風味と甘みを損なわないようにカクテルを作るのがポイントだと私は思います」（石原さん）

　その石原さんが提案するカクテルが、カルヴァドスを使ったカクテルの代表格のジャック・ローズだ。

東京・銀座『BAR LARGO』石原 良

酸味、甘みを加えるジャックローズには、バランスの取れたカルヴァドスを使う

　「実は、カルヴァドスを使ったカクテルはいろいろとあるのですが、ベースの酒としてカルヴァドスを使うカクテルは、それほどは多くはありません。その中でもジャックローズは、カルヴァドスをメインに使ったカクテルとしては、定番中の定番の一品です。元々は、アメリカ産のリンゴのブランデーであるアップルジャックを使ったカクテルとして生まれたので、ヨーロッパよりはアメリカで有名なカクテルです」（石原さん）

　使用するカルヴァドスは、クール・ド・リヨンVSOP［右ページ写真右］。

　「クール・ド・リヨンはバランスが良いカルヴァドスで、ジャックローズによく合います。このカクテルはシロップも加えるので、あまりパンチの強い味わいのものを使うと、バランスが崩れてしまいます。そこで、バランスに優れたこのカルヴァドスを使いました」（石原さん）

　ライム・ジュースはフレッシュをそのつど絞るが、石原さんはひと手間かける。

　「ライムは、皮と中の白い部分をむいてから絞るようにしています［左ページ写真左］。こうすると、カクテルに必要のない苦みやエグ味が出ず、すっきりとした味わいに仕上がります」（石原さん）

　自家製グレナデンシロップ［左ページ写真中］は、ザクロが出たとき、1年分をまとめて作っている。サトウキビの果汁を加えて糖度を上げ、酸味をやわらげたもので、この自然でやさしい酸味がジャックローズをすっきりとした味わいに仕上げる。

カルヴァドス
calva-
dos

menu:	ハーバードクーラー
price:	1,400円（税込）
recipe:	アンジュ・ジアール・カルヴァドス…40ml レモン・ジュース…30ml カリブ・シロップ…適量 ソーダ…適量
process:	1　アンジュ・ジアール・カルヴァドス、レモン・ジュース、カリブ・シロップをシェーカーに入れ、氷とともにシェイクする。 2　氷を入れたグラスにソーダを注ぎ、その上から「1」を注ぐ。

東京・銀座『BAR LARGO』石原 良

information:　『BAR LARGO』
住所／東京都中央区銀座8-6-8　福田ビル地下1階
電話／03-5537-2482
URL／http://www.bar-largo.jp
営業時間／19:00～翌:300（土曜日は17:00～24:00）
定休日／日曜日、祝日

カルヴァドス
calva-
dos

希少な酒という個性を前提にして、その楽しみ方を伝えていく

　166ページで述べたように、同じブランデーでもカルヴァドスはコニャックやアルマニャックなどに比べてマイナーな存在。それには理由があり、つくり手が少なく生産本数も他に比べて少ないからだ。

　「生産者は100ちょっと。ほとんどが小規模農家です。以前、つくり手に見学に行く機会がありました。そこは最大手の一つでしたが、事務担当の女性を入れても15人程度。驚くほど小規模だったことが印象に残っています」(『バー・ラルゴ』オーナー・バーテンダー石原 良さん)

　だから生産ロットが少なく、何十万本も作れない。流通数も限られているので、目に触れる機会も少ない。マイナーな印象になるのは当然のことだ。

　ただしそれぞれが小規模なだけに、つくり手の想いが個性に大きく出る。熟成には、多くはコニャックで使った樽をカルヴァドスの熟成に使うが、ポート樽やシェリー樽、まれにウイスキーの樽も使われているという。

　「これから先も、メジャーな酒にはなれないと思います。いくら人気が出ても、生産量が限られていますので。だからこそ逆に、希少な酒ということを前提にした楽しみ方を見つけるようにしています」(石原さん)

　カルヴァドスをベースに使うカクテルは少ない中、楽しみ方には、どのようなものがあるのか。

　「ストレートがもちろん美味しいのですが、ソーダ割りや、特に夏場はトニック割りをお勧めしています。モヒートのラムの代わりに使っても面白いでしょう」(石原さん)

　ハーバードクーラーも、そうした中の一品だ。

リンゴの風味を強く感じさせるカクテル。ソーダも混ざりやすい順番に

　ハーバードクーラーも、前出のジャック・ローズとともにカルヴァドスで作るカクテル代表的な一品。

　「私は、このカクテルはレモン・スカッシュにカルヴァドスを加える感覚と考えています。だから、レモン・スカッシュの方も美味しくないと、カクテル自体が美味しくならない。カルヴァド

「リンゴのブランデー」の存在をはっきりと伝えるために、リンゴ100%のカルヴァドスを使ったハーバードクーラーに。

東京・銀座『BAR LARGO』石原 良

ス以外の部分も大事です。またこのハーバードクーラーはジン・フィズから派生したようなカクテルなので、ベースの味がはっきりした方が美味しく感じると思います。そこでカルヴァドスをメインに揃えた店としては、飲んだときにリンゴの味わいがはっきりと分かる一品にしたいと考え、カルヴァドスはリンゴ100％でつくるアンジュ・ジアール・カルヴァドスを選択しました［左ページ写真］」（石原さん）

　カルヴァドスというと、一般にはリンゴで作るブランデーという解説が多い。しかし実際の規定では、原材料のうち15％まで洋梨をブレンドしてもいいことになっている。それは100％リンゴだと、甘みでダレた味わいになることが多いからだ。それを防ぐために洋梨を加えて味を締めるようにしている。ただ、100％リンゴで美味しくつくるところもある。それがアンジュ・ジアール・カルヴァドスというわけだ。

　さらに、ロング・ドリンクではソーダを入れるタイミングにもポイントがあるという。

　「よく『ソーダを満たす』という表現が見られるのですが、液体を2種類混ぜる場合、比重の重いものに軽いものを入れても混ざりにくい。逆に、比重の軽いものに重いものを入れた方が混ざりやすいのです。そこで私はこのカクテルでは、ソーダは最初にグラスに注ぎ［写真上右］、そこにカルヴァドスとレモン・ジュースなどをシェイクしたものを注ぐようにしています［写真下右］」（石原さん）

シェリー
sherry

東京・銀座『銀座しぇりークラブ』
曾我友幸

menu:	みょうがのレブヒート
price:	1,050円（税別）
recipe:	ラ・ハンダ・フィノ…60ml カリブ・シロップ…1tsp フレッシュ・レモン・ジュース…1tsp トニック・ウォーター…適量 みょうが…1個
process:	1　みょうがは、外側の1枚を外して取っておき、残りは粗く刻む。 2　刻んだみょうがはシェーカーに入れ、カリブ・シロップ、レモン・ジュース、ラ・ハンダ・フィノを注ぎ、ペストルでつぶす。 3　氷を入れたタンブラーに網でグラスに漉し入れ、トニック・ウォーターで満たす。「1」で取っておいたみょうがを飾る。

東京・銀座『銀座しぇりークラブ』曾我 友幸

profile:
『銀座しぇりークラブ』は1986年オープン。さまざまなタイプのシェリーを200種類ほど揃え、しかも初心者にも気軽に楽しめるスタイルで人気。2008年には京都にも出店を果たす。曾我友幸さんは、フレンチレストランでワインの知識を学び、バーの世界へ。2009年『銀座しぇりークラブ』入社。シェリーカクテル・コンペティション2014で優勝。

シェリー
sherry

バルのブーム以降、シェリーへの関心が高まり、種類も味のタイプも豊富に

『銀座しぇりークラブ』は、バルセロナ・オリンピックでスペインが一躍注目されるより、さらに6年前の1986年にシェリー専門店として開業。

同店オーナーがスペインでシェリーに感銘を受けてオープンさせたというだけあって、まだ馴染のなかったシェリーの魅力を日本に広めたいという趣旨から、オープン当初から45種類のグラス売り（現在は一杯900円均一）のリストを作り、シェリー・ファンにも飲み慣れない初心者にも喜ばれてきた。現在はボトルとしては200種類くらいを揃える。2008年には、京都・石塀小路にも出店するなど、人気を集めている店だ。

「当時は、日本であまり知られていない酒でしたので、入ってくるシェリーは少なかったようです。味のタイプはたくさんあるのですが、それを揃えるのがなかなか大変だったようです。近年になってスペインの料理やバルが優目されるようになり、スペインからの流通網が発達したおかげで、いろいろな銘柄が揃えられる、ようになりました」

と解説するのは、同店でバーテンダーを務める曾我友幸さんだ。2000年代から始まるスペイン・バルのブーム以降、シェリーを口にする機会が増えたことから、以前は入ってこなかったような種類のシェリーも輸入されるようになった。

「例えば、『エン・ラマ』と呼ばれる、無濾過でフレッシュ感のあるシェリーも入ってくるようになりました。あまり日持ちはしないのですが、独特の風味が喜ばれています。世界的にはライト化の傾向で、香り穏やかで飲みやすいものも多くつくられるようになっています」（曾我さん）

シェリーの専門店として、同店がまずお勧めしているのが、みょうがのレブヒートだ。

淡い風味の和の素材を引き立てる特徴から、夏向けにみょうがをレブヒートに

レブヒートは、シェリーで作るカクテルの代表格。元々はマンサニージャの炭酸割りで、酸味が少しあるシェリーに、7upのような炭酸飲料を合わせるのが一般的だ。そのアレンジ版が、みょうがを使ったレブヒートである。

> シェリーは、和素材の淡い風味を引き立てる傾向が。みょうがの個性的な香りには、香り強めのフィノを合わせて和の夏向けレブヒートにします。

――東京・銀座『銀座しぇりークラブ』曾我 友幸

「シェリーをカクテルに使うには、特に香りを活かしつつ、飲みやすく仕上げようと心がけています。こうすることで、ジンなどをベースにするとできないカクテルになります。また意外なことに、和の素材とも相性がいい。さくらんぼ、いちじく、柿、ビワなどもよく合います。淡い風味の素材を引き立てるのが、シェリーの特徴といえるでしょう」（曾我さん）

同店では、口当たりもよく低アルコールで、あまりお酒を飲めない若者層向けとして、季節のレブヒートを提案してきた。

「ハイボールやモヒートなど、炭酸系のドリンクが話題になった頃でした。シェリーで何ができるかを考えたとき、レブヒートに思い当たりました。みょうがを使ったこのカクテルは、2014年頃から売り出し始めた定番です。みょうがは年間を通して入手できますが、やはり夏のものなので梅雨前から夏一杯までの期間でお出ししています」（曾我さん）

みょうがの個性的な香りとの相性から、マンサニージャに代えて、香り強めのフィノを使用［左ページ写真］。日本人には懐かしい、清涼感のあるレブヒートに仕上がった。

シェリー
sherry

menu:	ボタ・デ・ヘレス
price:	1,200円（税別）
recipe:	グレンファークラス…35ml エミリ・グスタウ・イースト・インディア…25ml シェリー・ビネガー…1drop
process:	1　ミキシンググラスは氷で冷やしておく。 2　別のミキシンググラスに、グレンファークラス、エミリ・グスタウ・イースト・インディア、シェリー・ビネガーを入れてステアする。 3　冷やしておいたミキシンググラスに注いでステアし、グラスに注ぐ。

東京・銀座『銀座しぇりークラブ』曽我 友幸

information:	『銀座しぇりークラブ』 住所／東京都中央区銀座6-3-17　悠玄ビル2・3階 電話／03-3572-2527 URL／http://www.sherry-club.com 営業時間／17:00〜24:00（L.O.23:30。日曜日、祝日は14:00〜22:00、L.O.21:30） 定休日／無休

シェリー
sherry

マンハッタンのイメージで、甘いシェリーに、シェリー樽熟成のウイスキーを加えて、木樽の香りも強調しました。

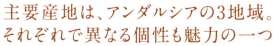

主要産地は、アンダルシアの3地域。 それぞれで異なる個性も魅力の一つ

　シェリーは、南部スペインのアンダルシア州の南西部にある、ヘレス・デ・ラ・フロンテーラ周辺で生産される酒精強化ワイン。前出のヘレス・デ・ラ・フロンテーラに加え、サンルーカル・デ・バラメーダ、エル・プエルト・デ・サンタ・マリアの3つの町が産地として知られている。しかも3地域それぞれで気候や環境も異なるため、シェリーの個性も違う。

　「シェリーは湿度の気温の関係によって、香りや味わいに個性が出ることから、3地域でそれぞれの個性があります。特にフィノやマンサニージャに関しては、ヘレス・デ・ラ・フロンテーラは、比較的酸味抑えめで香りはしっかり気味のものが多い産地です。サンルーカル・デ・バラメーダは、酵母の香りも穏やかでキレがあってさっぱりとした味わいのシェリーを産出します。最後のエル・プエルト・デ・サンタ・アリアは、フロールが生み出す香りも良いシェリーが多いのが特徴です」(『銀座しぇりークラブ』バーテンダー・曾我友幸さん)

　またそれに加えて、淡麗で辛口のフィノから、中辛口のアモンティリャード、甘口のクリーム、甘くて濃厚なペドロ・ヒメネスやモスカテルなど個性豊かなタイプがある。ワインが赤白貴腐といろいろ選べるように、シェリーもいろいろなタイプをシーンに合わせて楽しめるのが、魅力といえる。

「シェリーのカクテルは、前出のレブヒート以外にあまり知られていませんが、タイプの特徴を活かすかたちで、オリジナル・カクテルをご提案しています」(曾我さん)

その一つが、スペイン語で「シェリー樽」を意味するオリジナル・カクテルのボタ・デ・ヘレスだ。

ウイスキーの強い個性に負けないよう、熟成感の高い銘柄のクリームを合わせる

考えるきっかけとなったのは、シェリー酒とウイスキーで新しい提案はできないか、というウイスキー・メーカーの依頼があったこと。

「ヒントにしたのはマンハッタンのイメージです。スイート・ヴェルモットに代えて甘いシェリーの香りを加え、ウイスキーの中でどのように活かせるかがポイントでした」

という曾我さん。シングル・モルトにはシェリー樽で熟成させるものもある。そうしたウイスキーには、当然ながらシェリーとの相性が良い風味がある。そこでそうしたシングル・モルトにシェリーを加えることで、シェリー樽の香りを分かりやすく強調したのが、このカクテルというわけだ。

「シェリーは、エミリオ・ルスタウ社のクリームタイプを使いました。クリームタイプは、オロロソをベースにペドロヒメネスを加えた甘口シェリーです。同社のクリームタイプは、他社に比べても熟成感が高く、コクも強いのが特徴です。シングル・モルトは非常に個性が強いので、それに負けないようこの銘柄を選択しました」(曾我さん)

合わせるウイスキーのグレンファークラスは、全ラインナップをシェリー樽熟成させているスペイサイド・モルトの代表格。フルボディの深いコクが特徴だ。

「このカクテルのもう一つのポイントは、シェリー・ビネガーを加えた点[左ページ写真左]。シェリー酒と同様にソラレ・システムにより樽内熟成をさせます。これを加えることで、木樽の熟成感を感じるような香味に仕上げました。同じ酸味でも果汁の酸味だと、エグ味を感じるので、同じシェリーから作った酸の方が相性はいいと思いました」(曾我さん)

グラスも、カクテル・グラスよりワイングラスの香りを楽しむ形状のものを使用[写真右下]。香りを包み込むような形状のグラスで、シェリー樽の香りを楽しませる。

── 東京・銀座『銀座しぇりークラブ』曾我 友幸

ポート
port

東京・高田馬場『BAR CAVERNA（バーカヴェルナ）』
並木 良太

menu:	LUZ(ルス)
price:	1,100円（税別）
recipe:	ニーポート・ドライ・ホワイトポート…30ml グレープフルーツ・ジュース…45ml アマレット…5ml トニック・ウォーター…適量
process:	1　グラスにグレープフルーツ・ジュース、アマレット、ホワイトポートを入れる。 2　クラックド・アイスを入れ、トニック・ウォーターで満たす。 3　軽くステアする。

東京・高田馬場『BAR CAVERNA』並木 良太

profile:
長距離運転手として働く傍ら、レゲエDJとして活躍。その後レゲエバーを開きたいとの想いから、都内のフレンチレストランやバーで修業。現店舗の創業者がポルトガルワインの第一人者であったことと、自身もポルトガルのお酒が好きだったことから16年前に店に入る。9年前には現店舗を譲り受ける形で、独立を果たす。

ポート
port

100年以上熟成もある歴史の深いポート

　ポートとは、ポルトガル北部のポルト港から出荷される、酒精強化ワイン。同国のマデイラ、スペインのシェリーと共に、3大酒精強化ワインと称される。このポートを主力に、ポルトガルのつまみを提供するバーが、東京・高田馬場にある『バー・カヴェルナ』だ。

　オーナー・バーテンダーの並木良太氏は、ポルトガル酒好きが高じて独立。ポートを含むポルトガルワインの魅力を発信する。

　ポートに使われるブドウは、スペインを水源とするドウロ川沿いの山間地区で栽培される。このブドウをアルコール発酵させる際、ブランデーを添加し酒精強化する。これによりアルコール発酵が止まるため、糖分が多く残った甘口のワインになるのだ。

　ドウロ地区は標高が高く気候変動が激しいため、良質なブドウが育つ一方で熟成には不向きな地域であることから、ドウロ川河口にある町、ヴィラ・ノヴァ・デ・ガイアにある貯蔵庫で熟成される。

　「各倉庫にはブレンダーがおり、樽の状態を見てブレンドするのがポートの妙。畑やブドウ品種は変わらなくても、各ブレンダーによる特色が色濃く出ます」（並木さん）

　ポートのスタンダードには、3〜4年熟成させたルビー、ホワイト、ロゼがある。ルビーは3〜4年熟成させたものをブレンドした、力強い味わいが特徴。中には10年に2〜3回ブドウの出来がよい年につくられる、最高峰のヴィンテージ・ポートと、ヴィンテージ・ポートの早飲みタイプであるレイトボトルド・ヴィンテージ・ポートがある。

　「ヴィンテージと呼ばれるものは、樽で2年熟成した後、瓶内熟成するものがほとんどです。飲み頃になるまでだいたい30〜50年。20年以上熟成させることで実力を発揮し、100年以上という長期熟成も多くあります」（並木さん）

　樽で長期熟成したものをトゥーニー・ポートと呼び、熟成期間が長ければ長いほど、果実味よりもブランデーに近い味わいとなる。それに伴い甘みも変化しフレッシュなブドウから干しブドウ、ドライフルーツのような甘みへと変わっていく。

　また、ホワイトポートは白ブドウの果実味を活かしたワイン

熟成具合に合わせて、
数種のポートワインを
ブレンドするのが
ポートワインの最大の魅力です。

東京・高田馬場『BAR CAVERNA』並木 良太

で、ロゼポートは黒ブドウを使って3年以上熟成させたワイン。特にロゼポートは近年出始めたもので、注目度も高い。

珍しいホワイトポートの
ドライタイプで価値を高める

　甘口のポートが多いなか、酸味のあるホワイトポートを使うことで、食前酒として提案するカクテルがルスだ。

　キリッと冷やしたホワイトポートを使うことで、白ブドウ感を引き出すとともに、最初の一杯に冷たいアルコールを好む日本人のし好に合わせている。

　「ルスはカンパリ、グレープフルーツ、トニックを使うスプモーニのポート版です。ホワイトポートにはドライタイプを使うことで甘くなり過ぎず、食前に適した味わいに仕上げました」（並木さん）

　ホワイトポートはポートのなかでも生産量が10％以下で、さらにドライタイプは最近日本に入ってきた珍しさがある。中でも使用したボトルのニーポート・ドライは他の銘柄に比べ果実味が高く、モモやライチを感じる香りを持つのが特徴［左ページ写真上］。

　また、ドウロ川はアーモンドの生産地でもあることから、アーモンドのような香りを持つアマレットを加え、産地に寄り添わせた雰囲気を持たせている。

　ホワイトポートのよさを引き出し、さらには産地の名産品に沿った香りを詰め込んだ一杯からは、ポートの新たな可能性さえも感じさせる。

ポート
port

menu:	ポルト・ド・ソル **Por do sol**
price:	1,200円（税別）
recipe:	オフリー・ロゼポート…10ml オフリー・ルビーポート…5ml バランタイン・ファイネスト…15ml
process:	1　グラスに全材料を入れ、ステアする。 2　シェリー・グラスに注ぐ。

東京・高田馬場『BAR CAVERNA』並木 良太

information:	『BAR CAVERNA』 住所／東京都新宿区高田馬場2-14-6 スワンビル2階 電話／03-3202-4288 URL／http://www.bar-caverna.com 営業時間／18:00〜翌3:00（日曜日、祝日は19:00〜24:00まで） 定休日／月曜日

ポート port

ロゼポートが持つフレッシュな果実味とウイスキーのモルト感を掛け合わせ、さらに骨格としてルビーポートを少量使用します。

カクテルでポートワインの
間口を広げ魅力を発信

　ポルトガルワインの魅力を伝えるバー『バー・カヴェルナ』。創業者はポルトガルワインの第一人者として知られ、並木さんはこの創業者から店を譲り受ける形で、2007年に独立した後も彼の意思を引き継ぎ、ポルトガルワインの魅力を伝承し続けている。

　「ポートは食後酒のイメージが強いですが、日本では食後酒文化がまだまだ定着していません。また、日本人には辛口の美学があり、カクテルは辛く冷たいものという概念があるため、デザート・ワインも浸透しているとは言いがたい。当店では食後酒での提案はもちろん、ビール代わりとして提供できるよう、ポートを使ったカクテルをバラエティ豊かに用意することで、間口を広くとっています」(並木さん)

　ポートの品揃えは常時約20種。ポルトガルのスティルワインやマデイラを含めると、100種を超えるポルトガル・ワインを揃えている。

　ルビー、ホワイト、ロゼは1ショットで販売するほか、トーニー・ポートやレイトボトルド・ヴィンテージ・ポート、ヴィンテージ・ポートもひと通りラインアップ。並木さんが考案するオリジナル・カクテルも多く、ポートの知識を高める場としても親

しまれている。

　またポートを飲んでもらうきっかけとして、ドライフルーツを漬け込んだポート・サングリアなど、親しみやすいメニュー展開も心掛けている。

　料理は、ポルトガル料理のタラとジャガイモのグラタンや、ポルトガル産のとっても大きなオイルサーディン焼きなどをメインに揃える。現在では、早い時間はワインを飲みながらつまみを食べ、食後にポートやマデイラを楽しむお客を中心に集客。遅い時間になると、ポートワインを目的に来るお客もおり、「ポートワインが飲める店」としても認知されている。

　「ポートワインは、食後にブドウの甘みを楽しむのが魅力の一つですので、日本でも食後酒が文化として定着するといいなと思います」（並木さん）

ブドウの純粋な果実味が
色濃く出るロゼポートカクテル

　シェリー・グラスに、艶やかな茜色を閉じ込めたポルト・ド・ソルは、ポルトガル語で日没を意味するカクテル。この目にも鮮やかな色あいは、ルビーポート特有の美しいルビー色で表現される。

　ポートには、それをベースにしたカクテルのレシピが少ないため、オリジナル・カクテルとして提供。ポートのふくよかな香りが楽しめるよう、常温のポートを使用したビルドカクテルだ。

　「食後に口の中の脂を流すような、食後酒として提案しています。そこで常温で作り、その後も続けて飲めるよう、重くなり過ぎないテイストに仕上げました」（並木さん）

　メインはロゼポートとスコッチウイスキー。ロゼポートが持つ純粋な果実味と、カクテルでも扱いやすいバランタイン・ファイネストのモルト感を掛け合わせる。さらに少量のルビーポートが、全体をまとめる骨格の役割を果たす。

　「ルビーとウイスキーだけでは重くなり、ルビーの渋さが際立ってしまうので、果実味が最も強いロゼをメインに使いました」（並木さん）

　ロゼ［写真左］とルビーには、ポルトガルで親しまれているオフリーを使用。他銘柄は「若さゆえに甘さのカドが立っているものが多いと並木さんが評する中、オフリー社なのは果実味の甘さが優しく、チャーミングさも際立っているためセレクトしたという。

東京・高田馬場『BAR CAVERNA』並木 良太

マデイラ
made-ira

東京・高田馬場『BAR CAVERNA(バー カヴェルナ)』
並木 良太

menu:	ヴェント Vent
price:	1,100円（税別）
recipe:	ヴィニョス・バーベイド・マデイラ・ドライ…40ml バカルディ・ホワイト・ラム…20ml ライム・ジュース…1tsp
process:	1　ミキシング・グラスに、バカルディ・ホワイト・ラム、ヴィニョス・バーベイド・マデイラ・ドライ、ライム・ジュースを入れる。 2　静かにステアし、冷やしたカクテル・グラスに注ぐ。

東京・高田馬場『BAR CAVERNA』並木 良太

profile:
長距離運転手として働く傍ら、レゲエDJとして活躍。その後レゲエバーを開きたいとの想いから、都内のフレンチレストランやバーで修業。現店舗の創業者がポルトガルワインの第一人者であったことと、自身もポルトガルのお酒が好きだったことから16年前に店に入る。9年前には現店舗を譲り受ける形で、独立を果たす

マデイラ
madeira

フルーティーでフレッシュな酸のあるマデイラにマッチする、バカルディのホワイト・ラムの香りをプラス。ライムで酸の輪郭を際立たせたました。

同じ国の酒精強化ワインでも、歴史もつくり方も異なるマデイラ

　マデイラは、ポートとともにポルトガルの酒精強化ワイン。ポートがポルトガル本国で作られるのに対して、マデイラは本国から南西に約1000kmも離れた大西洋上に浮かぶ、ポルトガル自治領のマデイラ諸島でつくられる。

　ポルトガルの酒とおつまみで人気の『バー・カヴェルナ』オーナー・バーテンダーの並木良太さんが、マデイラの特徴を解説する。

　「ワインの発酵途中にブランデーを加えるのはどちらも同じですが、マデイラがポートと異なるのは、その後の工程で加熱熟成を行うことです。スタンダードタイプのマデイラは人工的に50℃に、中～上級クラスのものは太陽熱で温度の上がった屋根裏部屋に置いて行われます。本来、ワインには大敵とされる高温にさらすことで、酸化熟成され、マデイラ独自の酸味、香ばしい香り、褐色の色合いが出るのです。また抜栓後も品質は変化せず、味も変わらないのが特徴です」

　では、なぜこうしたつくり方がされるようになったのか。

　「15世紀以降の大航海時代、マデイラ諸島はヨーロッパとアメリカ大陸やインド、アジア大陸との中継地点として栄えたそうです。島の港で船は食料やワインを積み込んで出港しますが、赤道を超える航海でもマデイラ産のワインは劣化せず、その熟成感が世界で評判になり、ヨーロッパに広まっていった。高温にさらし熟成させる工程も、こうした経験から生まれたものと言われています」（並木さん）

　歴史的に見て、ポートがイギリスとの関係で発展していった酒であるのに対し、マデイラは異なる歴史を持っている。その歴史が作り方の差となり、同国内の同じようなつくり方の酒でも、マデイラとポートは互いに独自の発展をしていったのである。そして、ポートと同様に自国消費で発展してきたわけではないので、実は自国よりも圧倒的に海外での消費量が多い。

　「現地では、マデイラはトニック・ウォーターかオレンジ・ジュースで割ることが多いもの。それでは面白くないので、違う感じでショート・ドリンクとして作ってみました」（並木さん）

　というのがヴェントだ。

ステンレスタンク熟成でフレッシュ感のあるマデイラをベースに、ラムの風味を

「このカクテルは、マデイラにラムとライム・ジュースを加えたもの。ホワイト・ラムにシェリー、ライム・ジュースを合わせるクォーター・デッキというカクテルがありますが、そのシェリーに代えてマデイラを使い、ラムとマデイラの配合を逆転させたものです」（並木さん）

使用したマデイラは、ヴィニョス・バーベイド・マデイラ・ドライ。3年熟成させたマデイラだ［左ページ写真］。

「バーベイド社がつくるマデイラは、ブドウ品種の特徴を活かしたクリアな味が持ち味です。そしてこのマデイラは、ステンレス樽で熟成させており、特にフレッシュな酸を感じさせます。フルーティーさも素直です。クォーター・デッキに使うシェリーが、日本ではフィノのことが多いので、このマデイラを選びました」（並木さん）

合わせるのは、バカルディ・ホワイト・ラム［写真下左］。

「元々のレシピでもホワイト・ラムを使いますが、ここでも、すっきりとしたマデイラに合わせて、ダークよりはホワイトを使いました。バカルディのラムはバニラっぽい香りがり、それがマデイラの香ばしい香りによく合います」（並木さん）

酒精強化ワインだが、ショートでもカクテルにするとアルコール度数はどうしても低くなる。輪郭がぼやけてしまうので、スピリッツを加えてアルコール感を補うようにする。

ライムは、仕上がりの酸の輪郭を際立たせるためなので、ほんの少量だけ足すという。

東京・高田馬場『BAR CAVERNA』並木 良太

マデイラ
made-
ira

menu:	マデイラ・ヴェルデ Madeira Verde
price:	1200円（税別）
recipe:	ブランディーズ・マデイラ・マルムジー5年…60ml ライム・ジュース…10ml ミントの葉…20枚
process:	1　グラスにミントの葉とライム・ジュースを入れて、軽くつぶし香りを出す。 2　マデイラを入れ、クラッシュ・アイスを詰めてステアする。 3　グラスの縁までクラッシュ・アイスを足したら、たっぷりのミントをのせる。

東京・高田馬場『BAR CAVERNA』並木 良太

information:　『BAR CAVERNA』
住所／東京都新宿区高田馬場2-14-6 スワンビル2階
電話／03-3202-4288
URL／http://www.bar-caverna.com
営業時間／18:00〜翌3:00（日曜日、祝日は19:00〜24:00まで）
定休日／月曜日

マデイラ
madeira

黒い果実のコンポートのような熟成した香ばしさと甘みがありながら、清々しい酸味のマデイラを、ライムの酸味、ミントの清々しい香りと合わせます。

カクテルには、あまり用いられなかったマデイラを、現地のカクテルでアレンジ

「実は、マデイラを使ったカクテルは、地元ではほとんどありません。そもそも、現地の人たちにはカクテルの文化があまりありません。ビールか、爽やかな酸味で若飲みのワイン、ヴィーニョ・ヴェルデを飲むことが多いのです。またカクテルに用いられない理由としては、ポートと同様、元々がワインを美味しく飲むためにつくった酒で、こだわりがあること。熟成期間があってつくるのに時間がかかること。それだけ味わいにしっかりとした存在感があり、そのものの味わいを楽しむことが多いこと、などがあるのだと思います。なので、前述のように、飲んでもトニック・ウォーターなどで割るくらいなのです」(『バー・カヴェルナ』オーナー・バーテンダー並木良太さん)

そして、加熱熟成によるマデイラ独特の酸味と香りも、どう活かすがが難易度の高いところという。

「ただ、一つだけ挙げるとするなら、同じ旧ポルトガル領だったブラジルで定番のカイピリーニャの元になったのではないかという説もあるカクテルがあります」(並木さん)

マデイラ島は、ポルトガルとアメリカ大陸との中継地点だったことから、マデイラ島ではサトウキビが栽培され、ラムもつくられている。

「そのマデイラ産ラムに、古くは皮ごとのレモンと蜂蜜を加え、専用の木の攪拌棒でかき混ぜ、レモンをつぶしてつくる、ポンシャというカクテルがありました。今では、レモンだけでなくマデイラ特産のオレンジやいろいろなフルーツでもつくられるカクテルです」（並木さん）

ポンシャをヒントして作った、オリジナルのマデイラ版ミント・ジュレップが、マデイラ・ヴェルデだ。

甘みを足さず、甘口用ブドウ品種でつくったマデイラを使う

「ミントをつぶし、グラスにもたっぷりのせて、ミントの清々しい香りを強調しました。飲み口は、ミント・ジュレップに近い感じです」（並木さん）

ラムに代えて使ったマデイラは、甘口で酸のしっかりとしたブランディーズ・マデイラ・マルムジー5年を使用［左ページ写真上］。マルムジーとはマルヴァジーアのことだ。

「マルヴァジーアは、マデイラの甘口用に使われる品種です。糖分を加えずにカクテルに甘さを出したいときは、マルヴァジーアでつくるマデイラがよく合います。またブランディーズ社のマデイラはリッチな味わいが特徴。オーク樽に詰め、天然加温熟成させたこのマデイラ・マルムジー5年は、黒い果実のコンポートのような熟成した香ばしさと甘みがありながら、清々しい酸味もあります」（並木さん）

まずグラスにミントとライム・ジュースを注ぎ、軽くつぶす［左ページ右写真2枚］。そこにマデイラを注ぎ、クラッシュ・アイスを入れてステア。最後にクラッシュ・アイスをグラスの縁まで詰め、さらにライムをのせる。

「ミントはつぶしすぎると苦みが出ますので、軽くつぶす程度です。その代わりに、グラスにたっぷりのせることで香りも楽しませるようにします」（並木さん）

かつてポルトガルの植民地だったブラジルでは、カイピリーニャを飲みながらシュラスコの肉を食べる習慣がある。したがってカイピリーニャをツイストしたこのカクテルも、肉料理と合うのではないかと並木さんは話す。

東京・高田馬場『BAR CAVERNA』並木 良太

アブサン
absin-
the

東京・恵比寿『BAR Tram(トラム)』
竹村 英晃

menu:	バタフライ エフェクト Butterfly Effect
price:	1,300円（税別）
recipe:	ウェーバーハウス・アンプラーナ・オーガニック…30ml キナ・ラエロ・ドール…30ml バタフライ・アブサン…5ml ダンデライオン＆バーダック・ビターズ…2ドロップ オレンジ・ピール

process:

1　ウェーバーハウス・アンプラーナ・オーガニック、キナ・ラエロ・ドール、バタフライ・アブサン、ビターズをミキシング・グラスに入れ、氷を入れてステアする。

2　ストレーナーで漉しながらグラスに注ぎ、オレンジ・ピールを飾る。

東京・恵比寿『Bar Tram』竹村 英晃

profile:
20歳から飲食業界に足を踏み入れ、カフェやコーヒー店で働く。その後都内のシガーバーで3年勤め、現職に就く。経営母体である㈱スモールアックスは、アブサンの日本輸入代理店を務めており、ベルギーのバーテンダーとの交換留学も行なっているため、海外へ技術を勉強しに行くことも。

アブサン
absin-
the

世界に400種は存在する中、"本物"のアブサンだけをセレクト

　フィンセント・ファン・ゴッホやパブロ・ピカソなど、名だたる芸術家を虜にした逸話を持つアブサン。世界には約400種以上のアブサンが存在すると言われるなか、日本で70種のアブサンを取り扱うことから"アブサン・バー"とも呼ばれるバーが、東京・恵比寿にある『バー・トラム』である。

　スイスで17世紀に誕生したアブサンは、ニガヨモギをメイン・ハーブとした薬草系のリキュール。元々は医師が薬として考えたものだが、その製法がフランスに伝わってアルコール飲料として商品化され、19世紀には、前述のように特に芸術家の間で広まった。

　アルコール度数は高く、また液体が薄い緑色がかっていることから「緑の妖精」とも呼ばれるが、加水すると白濁することでも知られる。ただし、液体の色と白濁度合いは銘柄によっても異なる。

　水で割ったものを飲む日常酒として親しまれていたが、ハーブに含まれる精油成分のツヨンが幻覚などの向精神作用を引き起こすとされ、18世紀〜20世紀にかけてスイス、ドイツ、アメリカなどでアブサンの製造、流通、販売が全面的に禁止された。

　その後長く製造されることはなかったが、1981年には世界保健機関（WHO）がツヨン残存許容量10pmm以下であれば製造を承認したことで解禁。スイスやフランスでは解禁からわずか10〜15年しか経っていないことから、若年層にとっては馴染みの薄いリキュールであることがわかる。

　「ツヨンの向精神作用は、時代的にサブカルチャー系の人たちから支持を得ましたが、結局のところ科学的に立証されませんでした。アブサンは危険なお酒と認知されていましたが、危険性はまったくありません」（竹村さん）

　というのは、『バー・トラム』マネージャーの竹村英晃さん。同店で扱うアブサンは、経営母体であり日本のアブサン輸入代理業を務める㈱スモールアックスが仕入れるものを中心に、直接輸入したもの。その中でも特に無添加、着色料不使用の"本物"だけを使用している。

　「私たちが本物ととらえるアブサンは、アニスシードとニガヨモギのフレーバーが前面に出ているのが特徴です。また、砂糖

アブサンは、少量使いでも大きな変化をもたらすリキュールです。アブサンをアクセントとして少量だけ加えるレシピは、クラシック・カクテルにも多く登場します。

東京・恵比寿『Bar Tram』竹村 英晃

や人工甘み料も使用していないので、口に残る甘ったるさもなく、マイルドな苦みがあります」と竹村氏は解説する。

少量のアブサンが、大きな変化をもたらす一杯

"ブラジルで1匹の蝶がはばたくと、テキサスで竜巻が起こるか？"

これは、バタフライ・エフェクトという言葉の由来となった、ある気象学者の講演タイトルだ。バタフライ・エフェクトとは、ほんの些細なことが結果として大きな変化をもたらすことを指す事象。この名をカクテルに冠した一杯は、少量のアブサンが味わいに大きな変化を与える、ということを表現している。

使用するアブサンは、スイス産のバタフライ・アブサン［左ページ写真上］。まだアメリカでアブサンが禁止される前の1900年代初頭までつくられていた銘柄のレシピを復刻させたボトルで、リコリス由来の甘みが特徴だ。

「レモンバームやミントなど、複雑でいながら爽やかなフレーバーが際立つ味わいがあります」（竹村さん）

ベースは、ブラジル原産のサトウキビを原料とした蒸溜酒・カシャッサと、白ワインにキナの樹皮、オレンジ・ピール、ニガヨモギ、スパイス類を漬け込んだリキュールを同量使用する［左ページ写真下］。さらに、タンポポとゴボウ由来のフレーバーをほんの少し加え、かすかなスパイシーさも表現した。

飲み口は甘めながら、後味にはしっかりとアブサンの苦みが迫るような組み立てに仕上げている。

アブサン
absin-
the

menu:	ドクター・ファンク Dr.Funk
price:	1,350円（税別）
recipe:	ロン・サカパ…30ml アブサン・マンサン…10ml ルイボスティー・コーディアル （ルイボスティーを濃く煮出し、シロップを加えたもの）…15ml レモン・ジュース…10ml コリアンダー・ビターズ…2drop マテティー・ソーダ…30ml ローズマリー…適量 レモンピール
process:	1　シェーカーにロン・サカパ、アブサン、ルイボスティー・コーディアル、レモン・ジュースとコリアンダー・ビターズを入れ氷とともにシェイクする。 2　グラスに注ぎ、マテティ・ソーダで満たす。レモンピール、ローズマリーを飾る。

東京・恵比寿『Bar Tram』竹村 英晃

information:　『Bar Tram』
　　　　　　　住所／東京都渋谷区恵比寿西1-7-13-2階
　　　　　　　電話／03-5489-5514
　　　　　　　URL／http://small-axe.net
　　　　　　　営業時間／19:00〜翌3:00。金曜日、土曜日は翌4:00まで。日曜曜日は翌2:00まで）
　　　　　　　定休日／無休

アブサン
absin-
the

薬草＝健康、美容の
イメージから女性人気も高い

『バー・トラム』は、お酒を通して知らない世界に触れるきっかけとなるような"バー遊びの入口"となる店を目指して、2003年にオープン。20代後半〜30代の若いお客も多く、街の酒場として人気を集めている。

「ディテールにこだわる日本のバーテンディング・スタイルと、クリエイティブで遊び心に富んだ海外のバーテンディング・スタイルの融合をテーマにしています。来店してくださる若い方は、当店に何かしらの新しい体験を期待して頂いていると思います。そのため、薬草酒やアブサン以外にも、ひねりのきいたオリジナル・カクテルなど、幅広いラインアップを用意するようにしていますね」（同店マネージャー竹村英晃さん）。

㈱スモールアックスではベルギーのバーと協力し、互いのスタッフを2週間程交換する交換留学を実施。スタッフが海外のバー文化に触れる機会を会社側で設けることで、バーテンダーの視野を広げる教育も行なっている。

メニューにはクラフト・カクテルと称した、オリジナルの一杯を豊富に用意。カクテルのためだけにつくる自家製シロップやビターズを組み合わせ、多彩なカクテルを提案する。

一方でアブサンをはじめとする薬草酒は、ロックやストレート、水割りでの提供の他、アブサンを初めて飲む人にはアブサンのカクテルをお勧めしている。

「アブサンを目指してくるお客様は、アーティストや芸術文

化の影響で知ったという方が多いようです。アブサン自体アートとのつながりが深いお酒で、入口が幅広く、多面性があるアルコールだと感じています」(竹村さん)

また薬草酒は、健康や美容意識の高い女性客へのフックとしても効果的で、薬草酒を好んで飲むお客も多いという。

アブサンを使った、トロピカルなカクテル

ラムにアブサン、自家製シロップ、ソーダを組み合わせたカクテルのドクター・ファンクは、1900年初頭に誕生したクラシック・ティキ・カクテルを同店流にアレンジ。

「カクテル名は、この飲料を気付け薬として患者に飲ませていたとされる、実在のドイツ人医師に由来します」(竹村さん)

アブサンには、アメリカのロック歌手・マリリン・マンソンがプロデュースしたものを使用[左ページ写真上]。竹村さん曰く、バランスがよく、飲みやすい優等生タイプ。食事にも合わせやすいように仕上げ、食中酒として提案する。

レモン・ジュースやレモン・ピールの爽やかな香りに、すっきりと飲める炭酸でトロピカルなティキ・カクテルに仕立てる一方で、不老長寿のお茶と呼ばれるルイボスティーと、天然のエナジードリンクと評されるマテ茶の苦みもプラス。

ルイボスティー・コーディアルは自家製で、濃いめに煮出したものに砂糖を加え、ほのかな甘みを演出する。また、珍しい日本製のマテ茶ソーダ[写真上]を炭酸として使用。ルイボスティー・コーディアルと同様、苦みと甘みを持たせた味わいに組み立てている。

ベースとなるラムのロン・サカパは、グアテマラ産でスムースな甘みが特徴。贅沢な味わいと香りを持ち、アブサンを掛け合わせてもその味わいがしっかりと残るほどだ。

「アブサンのカクテルは9種を用意する他、随時新しい飲み方も考案していきます。アブサンはジンやヴェルモットと相性がよく、またオレンジ、レモンなどの柑橘類と合わせたサワー・スタイルでも楽しめます。カクテル以外にもアブサン本来の味わいも楽しめるよう、バーカウンターにはアブサン・ファウンテン(給水器)を置き、一滴ずつゆっくり加水していく水割りも用意。香りも味わいも造り手によって全く異なるので、それぞれの違いを提案できるようにしています」(竹村さん)

——東京・恵比寿『Bar Tram』竹村 英晃

芸術や文化分野などからアブサンを知る人も多く入口が広いアルコールです。より好きになってもらうために飲みやすいカクテルを揃えています。

リキュール
liqu-
eur

大阪・堂島『THE BAR ELIXIR・K』
川﨑 正嗣

menu:	バラライカ
price:	1,200円（税別）
recipe:	シロック（ライムリーフを漬け込んだもの）…30ml メルレ・トロワ・シトラス…10ml コアントロー54度…10ml レモン・ジュース…10ml グレープフルーツ・ビターズ…3滴
process:	1　材料をシェーカーに入れ、氷とともにシェイクする。 2　カクテル・グラスに注ぐ。

大阪・堂島『THE BAR ELIXIR K』川﨑正嗣

profile:
北新地の『バー・K』で7年、心斎橋の『オールドコース』で3年と、関西のバーシーンを牽引する実力派バーで修業した後、海外で1年余り蒸溜所を巡るなどして見聞を広げた後に2008年に独立。リキュールの品揃えもさることながら、オールドボトルを数多く揃えることから、ウイスキーファンも日夜通い詰める。また、姉妹店であるジン専門のバー『バー・ジュニパー』でもコアなファンを獲得。

リキュール
liqu-
eur

新旧織り交ぜた豊富なラインナップで
リキュールの迷宮へと誘う

　大阪・北新地の賑やかな通りから、少しだけ路地裏に入った所にひっそり佇む『ザ・バー・エリクシールK』。古い町家を改装した店内は、古い本棚を思わせる重厚でどっしりとしたバックバーの雰囲気も相まって、まるで英国の図書館に迷い込んだような気分になる。そこに所狭しと並ぶリキュールは、オールドボトルを含め、300本ほど。まさに、店名の「ELIXIR」＝霊薬・秘酒の名にふさわしい圧倒的な品揃えだ。

　オーナー・バーテンダーの川﨑正嗣さんがリキュールに関心を持ったきっかけは、ビター系ハーブ・リキュールのフェルネブランカから。当時働いていたバーの先輩から教えられて以来、リキュールの魅力に開眼したという。

　「古典的で重厚な味わいもあれば、現代的なフルーティなものもあり、その多種多様さがリキュールの面白さでしょうか。そのまま単体で飲んでも美味しく、また、カクテルなら組み合わせ次第で変幻自在に味が変わる。その妙を楽しんでいます」

　と、川﨑さん。店には冒頭のフェルネブランカやペルノーに代表される香草・薬草系や、果実系・花系・核系といったスタンダードなリキュールはもちろん、国内外から川﨑さん自ら探し求めた日本に未輸入の海外品や、1970〜80年代のオールドボトルなども多数。さらに最近では自身でもリキュールを

作るなど、新旧織り交ぜながら、リキュールの可能性を提案してくれる。

定番のウォッカにライムリーフを漬けて。
重層的な柑橘の風味で、味わいを立体的に

　通常のカクテルにおいても、同店ならではのエッセンスを加え、ひねりを利かせて提供することが多いと川崎さん。
　近年、スタンダード・カクテルが生まれた文化や時代背景を理解することで、バーテンダーが今の時代の感性をもってアレンジするのが世界的なトレンドにもなっているが、同店では数年前から姉妹店である『バー・ジュニパー』のスタッフとともに、カクテルの歴史などを学び合うと同時に、新しいカクテルを提案するカクテル研究会を開いているという。
　そうした中から生まれたものの一つが、バラライカだ。使用するウォッカは、定番のシロック［左ページ写真右］を使うが、そこにライムリーフを漬け込んでいる。
　「ライムリーフは愛媛の岩城島の農家さんからいただいたものを漬け込んでいます。漬け込むと、シトラス系の香りが移り、草っぽい風味が出ます」（川﨑さん）
　これに2種類のリキュールを使用。一つは、果実系リキュールのトリプルセックのメルレ・トロワ・シトラス［左ページ写真中］、そして、もう一つは、日本の製菓専用に開発されたコアントロー54度［左ページ写真左］を加えている。
　「コアントロー54度は知り合いのシェフに教えていただいたリキュールです。ここ数年は甘みを抑えたカクテルを主流に提案していて、コアントロー54度は豊かなオレンジの香りがありながらも、他のオレンジ・リキュールと比べて糖分が控えめなのが特徴です」（川﨑さん）
　ウォッカによるシトラスの香り、メルレ・トロワ・シトラスとコアントローの柑橘系の風味が豊かに広がりつつも、甘さが抑えられている分、すっきりとしたキレのよさが印象に残る。
　「カクテルの構成を考えた時に、酸味、アルコールのボリューム、そしてほどよい苦みをアクセントにしています。味に複雑味をもたせて甘さを減らす代わりに、何か一つ味を足して奥行きを出すために、最後にグレープフルーツ・ビターズを加えています。柑橘系の重層的な味と香りで、一杯のカクテルを立体的に仕上げていくイメージです」（川﨑さん）

――大阪・堂島『THE BAR ELIXIR K』川﨑正嗣

カクテルの構成は、酸味、アルコールのボリューム、そしてほどよい苦みをアクセントに。味に複雑味をもたせて甘さを減らす代わりに何か一つ味を足すことで、奥行きが出てきます。

リキュール
liqu-
eur

menu:	白いモヒート
price:	1,500円（税別）
recipe:	ベルタ・ヴァルダヴィ・グラッパ・ディ・モスカート…40ml 酒粕…1tsp レモン・ジュース…10ml 大葉…3枚 ソーダ…60ml
process:	1　ブレンダーに、ベルタ・ヴァルダヴィ・グラッパ・ディ・モスカートと酒粕を入れて回す。 2　グラスにリクオーレ・ストレガとレモン・ジュースを入れ、「1」を注ぐ。 3　手のひらで大葉を叩いて香りを出し、「2」に入れてつぶしながら風味を付ける。 4　氷を入れ、ソーダを満たし、軽くステアする。

大阪・堂島『THE BAR ELIXIR K』川﨑正嗣

information:	『THE BAR ELIXIR・K』 住所／大阪市北区堂島1-2-9 電話／06-6345-7890 URL／http://bar.elixir-k.com/ 営業時間／18:00～翌4:00（L.O.翌3:30。土曜日は翌3:00まで、L.O.翌2:30。 日曜日、祝日は翌1:00まで、L.O.24:30） 定休日／第1火曜日

リキュール
liqueur

世界のベストバーを見れば、お酒を調理するように、料理のエッセンスを組み込んでいる。味を構築していく意味では、その方が手法も楽しさも広がると思います。

現地に赴き、生産者と連携し、その個性を引き出した一杯を提案

　近年、料理業界ではオーガニックや地産地消といった素材を用いることが時代の流れとなっている中、バーにおいても生産者とのネットワークを図り、それを一杯のカクテルへと昇華する店が増えてきている。『エリクシールK』においてもリキュールに注力することから、開業当時から生産者との関係を大切に育み、それらを使ったオリジナルのリキュールも多く手掛けている。

　「昔から食材が作られている場所を訪れるのが好きで。現地を見れば、生産者の方がどんな意識でつくられているのが分かりますから。お互いの意識を共有することで、さらにいいものができると考えます」(川﨑さん)

　瀬戸内海特有の温暖な気候を活かし、柑橘栽培が盛んな愛媛県の岩城島も川﨑さんがよく訪れる生産地だ。ここで育てられたライムのリーフをシロックに漬け込んだり、冬から春にかけてこの地域で出回る姫レモンで自家製のレモンチェッロを作ったりと、バー素材に活用するのが毎年恒例になっているという。

　「青森の農園からいただくカシスのつぼみやブルーベリーで自家製リキュールを作ることもあります。もちろん、海外の蒸溜所なども訪れて、その酒が作られる場所や背景を学ぶことも欠かしません。そうやって、生産者の顔が見える素材を使い、その個性を引き出せるものを作っていければ、と思っています」(川﨑さん)

酒粕入りのグラッパで、和のモヒート。奇抜さではなく、創造力を重視

　そうした中から誕生したのが、白いモヒートだ。モヒートといえば通常はラムベースだが、ここではグラッパを使用する。しかも、グラッパに酒粕をブレンドした自家製の酒粕入りグラッパだ。

　「このグラッパは、ピエモンテにあるベルタ社のヴァルダヴィ・グラッパ・ディ・モスカートです[写真上]。同社を訪れた時、このモスカートを使った完熟グラッパを使ってカクテルを作ってほしいというリクエストがあり、このカクテルを考案しました

（川﨑さん）

　グラッパは単体だと風味が強く、好みが分かれる酒だが、いろいろな味をのせると、風味がやわらかくなると川﨑さんはいう。そこで、グラッパ＝ワインの搾り粕の酒であることから、日本の搾りかすである酒粕を合わせたところ、クリーミーで丸みのある味わいになったそうだ。

　「海外に行くと、バーではその国らしいアレンジでカクテルを出す場合が多いことから、以前から日本でカクテルを提案するなら、もっと和の素材を取り入れたいと考えていました。そこで思いついたのが酒粕でした。実は遊び心から生まれた組み合わせですが、奇抜さ以上に味の説得力がありました」（川﨑さん）

　それに合わせたのが、リクオーレ・ストレガ［左ページ写真下］。70種類以上ものハーブや天然香料、スパイスを加え、サフランで黄金色に色付けした香り高いハーブ・リキュールになる。

　「これ自体も個性的なお酒ですが、ハーブのリキュールを入れることで全体の調和が生まれます。個性的なものには個性的なものをぶつけることで、味のバランスがとれるのです。料理でいえば、ブイヤベースは磯臭さがありますが、フェンネルを入れると味の調和がとれる。その考え方を応用しました」（川﨑さん）

　そして、ミントの代わりに日本のハーブである大葉を加えることで、より和のテイストを醸し出すカクテルへと仕上がった。

　グラッパのまろやかな風味が広がりつつ、その後に大葉をはじめとしたハーブの味と香りが追いかけるような重層的な味わいが楽しめる一杯だ。

　一見すると、ユニークな素材の合わせ方だけが目を引くが、こういった考え方は、バーテンダーとしての考え方だけでなく、レストランのシェフやパティシエといった知人たちからのアイデアや創造力をヒントにしている。

　「世界のベストバーを見れば、スタンダードなものをそのまま出すというより、お酒を調理するように、料理のエッセンスを組み込んでいるところが最近は顕著です。味を構築していく意味では、手法も楽しさも広がると思うので、そういったカクテルも意識しながら、ワールド・ワイドな視野で自分にとってのベストなカクテルを今後も手掛けていきたいと思っています」（川﨑さん）

大阪・堂島『THE BAR ELIXIR K』川﨑正嗣

京都・先斗町『BAR 花水木』
安部田 裕之

menu:	オリジナル・カクテル
price:	800円（税別）
recipe:	リコール・デ・ベリョータ…30ml アップル・ジュース…30ml ジンジャエール…75ml
process:	1　グラスに氷を入れ、リコール・デ・ベリョータを注ぐ。 2　アップル・ジュースを同量注ぐ。 3　ジンジャエールで満たし、軽くステアする。

――京都・先斗町『BAR 花水木』安部田 裕之

profile:
国産ウイスキー専門店やジン専門店などを手掛けるシーアンドディーのグループ店。『バー・花水木』はフルーツ・リキュールとブランデー専門店。バーテンダーの安部田裕之さんは元教師。グループ店でバーテンダーとしての経歴をスタートさせた異色の肩書を活かし、堅苦しくないバー入門編としての店づくりを心がけている。(2016年7月5日、先斗町内で起きた火事に被災し閉店)

リキュール
liqu-
eur

食前酒として人気のリキュール。
その文化までをも伝えたい

　京都の歓楽街、先斗町界隈に、ジンやウイスキーを専門に取り扱うバーを数多く展開するシーアンドディーグループ。そのグループ店から2014年にオープンしたのが『バー・花水木』。バーに馴染みのない人でも訪れやすいように、そして男性が女性を連れていきやすい入門バーとして。観光地という土地柄にも配慮し、気軽に入ることができて使いやすいお店をコンセプトにしたブランデー&フルーツ・リキュールに特化した専門店としてスタートした。

　店主は教師から転身した安部田裕之さん。同グループ店でバーテンダーとしての研鑽を積み、店を任されるほどまでに成長した安部田さんは、リキュールについてこう話す。

　「日本では、どのバーにもリキュールは揃っています。しかし、メインとして扱われることはなく、他のお酒のサブ的な役割という位置づけです。リキュールは、海外なら食前酒や食後酒として馴染みがあり、日本以上に多くの人に愛されています。そうしたリキュールの美味しさ、そして文化を日本でも広めていければと考えています」（安部田さん）

　そのため、同店ではリキュールの味わいの深さや幅広さをより感じやすいように、まずはストレートで提供することを心がけている。

　「もちろんカクテルも作りますが、まずはそのままをお勧めしています。リキュールとしての素材の味わいを知ってもらい、それからソーダやほかの素材と合わせた時の変化を知っていって

> 女性が好むよう、甘さを感じるけれどさっぱり。けれど、リキュール本来の美味しさは、最後まで感じるようにしています。

——京都・先斗町『BAR 花水木』安部田 裕之

ほしい。それがリキュールというお酒のひとつの魅力ですから」

と安部田さんは語る。香草やフルーツ、ナッツやヨーグルトなどさまざまな素材からつくられるリキュールの中でも、フルーツをベースにしたものを100種類ほど用意。それ以外にも、現行品とは味も異なるサザンカンフォートのオールドを揃えるなど、その種類は幅広い。フルーツ・リキュールの味わいを楽しんでもらうため、カクテルは定番レシピで提供することよりも、オリジナルをサーブするほうが多い。飲みやすさやお客の好みに配慮するという意味合いもあるが、リキュールの味わいをより引き出したいと考えているからだ。そうした考えで今回紹介してくれるのが、リコール・デ・ベリョータを用いた一杯。

さまざまな素材から作られる。味はもちろん、その面白さも楽しめる

どんぐりで育ったイベリコ豚から作る生ハムのハモン・イベリコ・ベリョータ。それと同じどんぐりからつくったリキュールが、リコール・デ・ベリョータ[左ページ写真左]。

「スペインでは一般的に、ミルクやコーラで割って楽しまれているリキュールです。トロっとしたナッツ系の濃厚な甘みが特徴で、渋みやクセがなくストレートなら蜂蜜のような甘さで女性に人気です」(安部田さん)。

その濃厚な甘さという特徴を活かしながら、飲みやすくするために考案したのがこのオリジナル・カクテル。味わいを軽やかにするためにリンゴの酸味を加え、爽快感を演出するためジンジャーエールをセレクト。ほんのりと感じる生姜のほろ苦さが、キリリとした後味を生み、飽きることなく飲めるように仕上げている。

「ナッツをベースにしたフランジェリコと同じような感覚で、冬場ならホットでも使えます。例えばライムを絞り、そのままジンジャーエールだけでアップするのも美味しいと思います。ただその場合、当店を訪れてくださる女性には濃厚すぎるかなと思い、ほどよい酸味のあるアップル・ジュースをプラスしました」(安部田さん)

女性を連れてくる男性にも好評で、またドングリを素材にしたお酒があるのかと驚きながらお酒に興味を抱くようになってくれると安部田さんは話す。挨拶代わりの一杯として、そしてリキュールの幅広さを知ってもらうためにも、この一杯を大切にしている。

リキュール
liqueur

menu:	スカーレットオハラ
price:	1,200円（税別）
recipe:	サザンカンフォート…35ml クランベリー・ジュース…適量
process:	1 シェーカーにサザンカンフォートとクランベリー・ジュースを入れ、氷とともにシェイクする。 2 グラスに注ぐ。

京都・先斗町『BAR 花水木』安部田 裕之

information: 『BAR 花水木』
住所／京都府京都市中京区先斗町通三条下ル若松町137-3
電話／075-255-9933
URL／http://c-and-d.net/hanamizuki/
営業時間／17:00〜翌2:00
定休日／不定休

リキュール
liqu-eur

オールドボトルには、時代を感じさせる濃厚な味わいが宿っています。その味わいをバランスよく引き出すことが、大切な仕事です。

人気のリキュールでも、他の酒と同様に時代で味わいが違う

フルーツ・リキュールに力を注いでいる「『バー・花水木』」では、オールドボトルももちろんしっかりと揃えている。

「リキュールは甘い。そうしたイメージだけでなく、ビター感の強い薬膳系や、飲むとほのかに身体から香りが立ち上ってくるものなど本当にさまざまです。修道院で昔から変わらぬ製法で作られる、万能薬として崇められているものや、製法が変わり味も変化したものなどたくさんあります。オールドボトルは、そうした新旧の味わいの変化やバリエーションの豊富さを知ってもらうために揃えています」(安部田さん)

例えばその一つが、現地などでSoCo(ソコ)という愛称で親しまれているサザンカンフォート。ジャニス・ジョプリンがステージでも愛飲していたことで知られるこのリキュールは、1874年にニューオリンズで誕生。ウイスキーをベースとして、さまざまな果物や薬草を漬け込んだのが始まりだ。キャラメル・フレーバー、焦がした樽の匂いに、熟した果物の香り…などが複雑に混ざり合う。

「当店に置いているものは1980年代のもの。現行品とはまったく異なり、味わいも濃厚でストレートで楽しんでほしい一本です」

と安部田さん。レモンやライムを絞り、ジンジャー割りやトニック割りで楽しむのが一般的なリキュールだ。カクテルでは、ラムと合わせるジャック・ターや、甘さを強めてアマレットと合

わせるシシリアン・キッス。そして今回の『風と共に去りぬ』の主人公をイメージして作ったスカーレットオハラだ。

「飲みやすく男女共に人気のあるカクテルです。今回は、現行品よりも味わいが濃厚なオールドボトルを使うため、通常よりもクランベリー・ジュースは多めです。味が強いためそうしてもぼやけません。また女性に飲んでいただきたいので、あえてレモン・ジュースは削り、やわらかな味わいにしています」

と安部田さん。男性に提供する場合は、レモンを加えてキリっと仕上げてるという。飲み比べてみればよりわかりやすいが、口当たりが軽いのに、後から濃厚な味わいが広がるオールドボトルらしい仕上がりになっている。

リキュールを楽しんでもらうために、ルールやレシピに縛られてはいけない

「オールドボトルは、基本的にお酒自体の味わいが現行品よりも強いものです。カクテルに使う場合に気をつけなければいけないことは、そうした味わいを大切にしながらも攻撃的にならないようにすることだと思っています。一般的なレシピ通りだと、バランスが崩れてしまうことがありますので、その調整が大切」（安部田さん）

そうした配慮をしつつも、やはりオールドボトルはストレートやソーダ割りで飲み比べを楽しむことが一番だとも話す。

またフルーツ・リキュールに力を注ぐ『バー・花水木』のカクテルには、味わいを楽しむための工夫が施されている。

「フルーツ・リキュールの多くは、スイーツのような華やかさがあります。その華やかさをさらに活かすため、例えば凍らせたフレッシュ・フルーツを用いてジェラートのように仕上げています。グラスに山のように盛りつけたいので、クラッシュアイスも使いません。フルーツとリキュールの味わいがより堪能でき、スイーツのように食べる、そして飲むという2つの味わいが楽しめると女性には好評です」（安部田さん）

ストローではなくスプーンでいただく一杯を提供するためにも、定番のレシピではなくオリジナルを考案し続けている。

「ジェラート・カクテルは、リキュールを美味しく、そして楽しく味わってもらうための工夫です。入門バーですから、難しいルールもありませんし、楽しく飲んでもらえればいいんです」（安部田さん）

京都・先斗町『BAR 花水木』安部田 裕之

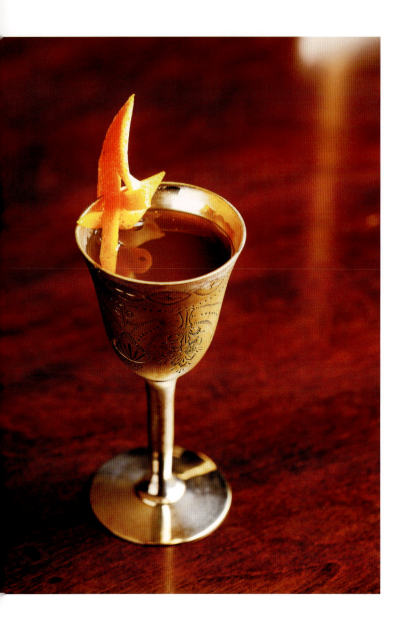

出版図書案内

●ドリンク・お菓子

シェーカーズスタイル ― 四季
いしかわ あさこ 編
定価2000円+税

The Art of Advanced Cocktail 最先端カクテルの技術
いしかわ あさこ 編
定価2500円+税

Standard Cocktails With a Twist ~スタンダードカクテルの再構築~
定価2500円+税

人気バル・居酒屋の創作ドリンク
定価2000円+税

ミクソロジーカクテル
旭屋出版書籍編集部 編
定価2500円+税

ピエール・エルメ マカロン
ピエール・エルメ 著
定価4000円+税

Sweets Business スイーツ・ビジネス
旭屋出版書籍編集部 編
定価3500円+税

シュークリームの技術
旭屋出版書籍編集部 編
定価3500円+税

モンブランの技術
旭屋出版書籍編集部 編
定価2800円+税

ケーキの技術
旭屋出版書籍編集部 編
定価2800円+税

シュトレン
シュトレン編集委員会 編
定価2500円+税

人気パティシエたちが作る50品 評判ケーキの技術
定価2500円+税

人気パティシエ10人の50品
髙山 厚子 著
定価2500円+税

マジパン 5cmの舞台のウィーンの物語
コヤマ ススム 著
定価2500円+税

人気パティシエ10人の美技
コヤマ ススム 著
定価1500円+税

THE SWEET TRICK
コヤマ ススム 著
定価1600円+税

THE SWEET TRICK Collabo Mind
コヤマ ススム 著
定価3500円+税

Beginner's Trick (実演DVD付)
コヤマ ススム 著
定価2500円+税

Almond Bible アーモンドバイブル
定価3500円+税

ピエール・エルメが教える 焼き菓子ブック
ピエール・エルメ 著
定価1500円+税

ピエール・エルメが教える チョコレートのお菓子
ピエール・エルメ 著
定価1500円+税

卵・砂糖・乳製品を使わない美味しいお菓子
上原 みのり/たかみや ちえ/山本 なほ 著
定価1500円+税

ナチュラルにくらしたい 焼き菓子レシピノート
宮本 しばに 著
定価1500円+税

菓子作りのステキ度アップをめざす材料別 デコレーションテクニック
熊谷 裕子 著
定価1500円+税

もう焼きっぱなしは卒業! 美味しく飾って 大人の焼き菓子
熊谷 裕子 著
定価1500円+税

手作りのお菓子がプロ級の仕上がり! コツとバリエ デコレーションマジック
熊谷 裕子 著
定価1500円+税

ひとくちサイズの きらきらプチ・スイーツ
熊谷 裕子 著
定価1500円+税

国産・さぬきの小麦粉と出会って生まれた とびきりのフランス菓子
米山 巖/羽鳥 武夫/岡部 敬介/月尾 弘 著
定価4200円+税

ケーキの深い味わい モンブリュのフランス菓子
林 周平 著
定価1600円+税

スター★シェフのドルチェの技術
林 周平 著
定価2500円+税

チョコレート ピエスモンテ
水野 直己 著
定価3500円+税

SWEETS PYXIS スイーツ ピクシス
定価2800円+税

気鋭のシェフ5人の「チョコレートテクニック」 ショコラティエの技術
本橋 雅人/横田 秀夫/日髙 宣博/川村 英樹 著
定価2500円+税

パティシエ必修 クレーム教本
柳 正司 著
定価2500円+税

洋菓子 クリームの事典
定価2500円+税

洋菓子生地の事典
定価2500円+税

人気パティシエ10人のスペシャリテとプティ・ガトー
定価2500円+税

人気パティシエが教える 評判プティ・ガトー
定価2500円+税

人気パティシエ10人の美技 アントルメ50
定価2500円+税

お菓子作り・店づくりがよくわかる 人気パティシエ10人の50品
定価2500円+税

『マジパン』お菓子で作る20の物語
コヤマ ススム 著
定価2800円+税

マジパン細工 ケーキの上に物語を飾る楽しみ
定価2800円+税

手作り本格派の中級教科書 焼き菓子の食感テクニック
熊谷 裕子 著
定価1500円+税

手作り本格派の中級教科書 フルーツ菓子のテクニック
熊谷 裕子 著
定価1500円+税

◆お申込み先は、㈱旭屋出版 販売部 ☎03(3560)9065 FAX.03(3560)9071 ◆旭屋出版のホームページ／http://www.asahiya-jp.com

人気バル・居酒屋の 創作ドリンク

人気飲食店には、創作ドリンクがある。
いま評判の
バル、バール、居酒屋、ダイニングの
最新人気オリジナルドリンクを189品紹介。

■A4版変形・128ページ　■定価：本体2000円＋税

最新人気の 189 オリジナルドリンク

- 赤ワインベース
- 白ワインベース
- ロゼワインベース
- スパークリングワインベース

- ビールベース
- 日本酒ベース
- マッコリベース
- 紹興酒ベース
- 焼酎ベース

- フルーツカッシュ
- 新感覚サワー
- 生姜カクテル＆サワー
- 氷果実サワー

- マッコリカクテル
- フルーツカクテル
- ワインカクテル
- 自然派カクテル

- 泡盛ベース
- ウイスキーベース
- ウォッカベース
- ジンベース
- テキーラベース

- ブランデーベース
- ラムベース
- リキュールベース
- サングリアベース
- 混成ワインベース

- 沖縄カクテル
- サプライズドリンク
- 北海道ドリンク
- ジュースカクテル

- 果実酒ベース
- ノンアルコールタイプ

- タイスタイルカクテル
- 中国酒カクテル
- ワインカクテル＆モヒート
- お酢サワー

お申し込みはお早めに！

★お近くに書店のない時は、直接、郵便振替または現金書留にて下記へお申し込み下さい。

旭屋出版　〒107-0052　東京都港区赤坂1-7-19　キャピタル赤坂ビル8階
☎03-3560-9065(代)　振替／00150-1-19572　http://www.asahiya-jp.com

最先端カクテルの技術

The Art of Advanced Cocktail

- いしかわ あさこ 編
- 定価　本体2500円＋税
- A4判・136ページ

エスプーマ／東京・渋谷『石の華』石垣忍
リキッド・ナイトロジェン／東京・銀座『オーチャードギンザ』宮之原拓男
スー・ヴィード／岐阜・岐阜『バロッサ・コクテリエ』中垣繁幸
アロマ＆スモーク／
　東京・赤坂『コードネーム・ミクソロジー赤坂』南雲主于三
フレーバード・スピリッツ／神奈川・横浜『ハレクラニ』有田王城
スローイング／
　東京・新宿『京王プラザホテル メインバー・ブリアン』渡辺高弘
自家製シロップ／神奈川・馬車道『カサブランカ』山本悌地
自家製ビターズ／東京・荻窪『ロマンチカ洋酒店』三和隆介
クラシック／東京・広尾『ザ・プレイス』山本隆範、藤澤倫顕・
　神奈川・山下町『ホテルニューグランド バー シーガーディアンⅡ』太田圭介

～スタンダードカクテルの再構築～

Standard Cocktails With a Twist

- いしかわ あさこ 編
- 定価　本体2500円＋税
- A4判・136ページ

Modern Twist
　カーボネイト・シェイカー
　遠心分離カクテル
　インフュージョン
　バレル・エイジド・カクテル
　モクテル
　エディブル・カクテル

Various Technique
　●エスプーマ　●ナイトロ・カクテル　●スフェリフィケーション／スフェール
　●アロマ　●スモーク　●スー・ヴィード・カクテル（真空カクテル）
　●アイレ　●自家製シロップ　●スローイング　●スウィズル

Simple Twist
　●ジンベース　●ウイスキーベース　●ワインベース　●ラムベース
　●テキーラベース　●ウオッカベース　●焼酎ベース　●ブランデーベース
　●その他のベース

旭屋出版　〒107-0052　東京都港区赤坂1-7-19　キャピタル赤坂ビル8階
販売部（直通）☎03-3560-9065　http://www.asahiya-jp.com

★お求めは、お近くの書店または左記窓口、旭屋出版WEBサイトへ。

Cocktail
Style Book

発行日 2016年7月27日 初版発行

....

著　者　　旭屋出版　編集部
　　　　　あさひやしゅっぱん　へんしゅうぶ
発行者　　早嶋　茂
制作者　　永瀬　正人
発行所　　株式会社旭屋出版
　　　　　〒107-0052
　　　　　東京都港区赤坂1-7-19　キャピタル赤坂ビル8階
　　　　　郵便振替　00150-1-19572

　　　　　販売部 TEL 03(3560)9065
　　　　　FAX 03(3560)9071
　　　　　編集部 TEL 03(3560)9066
　　　　　FAX 03(3560)9073
　　　　　旭屋出版ホームページ　http://www.asahiya-jp.com

....

印刷・製本　　㈱シナノ・パブリッシング プレス

※許可なく転載、複写ならびにweb上での使用を禁じます。
※落丁、乱丁本はお取替えします。
※定価はカバーにあります。

ⓒAsahiya Shuppan, 2016
ISBN 978-4-7511-1218-2
Printed in Japan